「伸びる人」の習慣
「伸びない人」の習慣

新入社員の教科書

菅沼勇基
YUKI SUGANUMA

CROSSMEDIA PUBLISHING

はじめに

この数年で、私たちの働く環境は大きく変化しました。

オンラインミーティングやリモートワークなど、以前よりも働き方の選択肢が増えて便利になった側面も大きいでしょう。ワークライフバランスに配慮する企業も増えていると聞きます。

ただ、成長したい新社会人にとっては、難しい時代になりつつあります。

まず上司が、部下に深く関与しなくなりました。

かつては、部下の成長のために厳しく叱ることもありましたが、いまはパワハラが非常に問題視されます。家族や子供を持つ上司からすれば、左遷などのリスクを負うことは避けたい。会話を録音されたり、メールで通報されたりするリスクを恐れ、上司は怒ることを躊躇するようになりました。

結果、部下への指導をせずに、腫れ物に触るように距離を置く、「関与しない症候群」に陥る上司が増加していると聞きます。これは、やる気のある新社会人にとって、いい環境とは言えないでしょう。

また、若手の成長を止めてしまいかねないのは、XをはじめとするSNSやマスコミ、ネットなどの膨大な情報です。

キラキラとしたインフルエンサーの投稿も気になると思います。「簡単に稼げる」といった極端な情報も溢れています。しかし、それら情報の真偽はわかりません。わかったような気になっているけど、氷山の一角しか見ていないケースもあるのです。自分で考える力がないと、表面的な情報に左右されてしまいます。

このような時代だからこそ、覚えておいてほしいことがあります。

それは、**どんな仕事をしていても、20代のうちが社会人として最も成長する重要な時期である**ということです。

人間には成長期というものがあり、体で言えば、たいてい小学校高学年から中学生のうちが最も伸びが大きい時期です。精神面で言えば、中学から高校、大学へと進む過程でぐっと成熟していきます。そして仕事で言えば、それは20代のうちなのです。

30代・40代で仕事を苦痛なものにしないためにも、20代の時期が大事です。この時期に仕事の「基礎訓練」をやっておけば、30代・40代で何かまったく新しいことを始めたり、難しいことにゼロから向き合わなければならないという事態にはなりません。

20代で自分なりの「仕事の公式」が確立できれば、30代・40代はその公式に当てはめていくことで、ほとんどの仕事はうまくできます。それまで培ってきた基礎を少し変化させるだけで対応できるようになるのです。だから、まったく異分野に転職しても問題なくやっていけます。もちろん、規模の大きな仕事もできるようになっていきます。

だからこそ、20代のうちは手を抜かずに、1から10まできちんと筋道を立て、自分の頭で考え、自分の手を動かして、仕事をすることが大切なのです。

ところが、この20代を怠けて過ごしてしまった人は、仕事の基本がおろそかになっているため、応用が利きません。

いま日本は未曽有《みぞう》の人手不足で、不足する労働力をテクノロジーによって補おうとしています。その結果、私の会社でも、パートやアルバイトがしていた仕事はＡＩがやってくれるようになり、社員がやっていた仕事はパートやアルバイトができるようになってきています。**40代になって応用の利かない人は、テクノロジーで代替され、仕事がなくなってしまう可能性が高い**でしょう。そのときになって後悔しても遅いのです。

これまで、何に対してでも自主的にがんばり抜くことができなかった人は、いま20年後からタイムスリップしてきて20代の自分に戻ったつもりになって仕事に励むことです。

「そうは言っても仕事はやっぱりしんどい」

そう思うかもしれません。しかし、実際、仕事とは楽しいものなのです。

それは、私のように経営者という立場――つまり雇う側の人間であろうと、雇われる側であろうと同じです。仕事を「ただ、自分の時間を切り売りするだけのもの」と考えれば、仕事の奴隷になってしまいます。

そうではなく、自分の寝食を忘れるほど没頭できるものにすることです。

本当は「仕事は楽しいものだ」という境地に行けるのに、先入観が邪魔をして、その前で挫折してしまっている人も多いように思います。

いまどきのテレビドラマを見ていると、そういう先入観を持ちやすくなるはずです。主人公はたいてい仕事を生き生きとこなして、恋愛にも果敢に取り組みます。しかし、周囲にいる人たちは、しんどそうな顔をしていたり、ある種のあきらめが入っていたり、長いものに巻かれたりしていることが多々あります。

ドラマでは、主人公を浮かび上がらせるためにあえて誇張して描く場合も多いので、「仕事をしている人の多くは苦痛に耐えている」と思ってしまいがちですが、もちろんそんな人ばかりではありません。熟年サラリーマンたちが、すべて居酒屋でグチばかりこぼして苦痛を耐え忍んでいる人たちかというと、それも違います。

仕事が毎日、楽しくてしょうがないという人たちも数多くいるのです。ただ、それができるのは、仕事を「人に言われてする」ものではなく、「自分がしたいからする」ものにした人だけです。たとえ人から指示された仕事であっても、そこに何らかの意義を見出し、他人ごとではなく「自分ごと」にしていける人は、その境地に行けるのです。

仕事とは何か、と問われたなら、私は「人生そのものである」と答えます。だって、そもそも**多くの人は、人生の大半の時間を仕事に費やすのです。その時間が**

つまらなければ、人生そのものがつらく苦しいだけのものになってしまうでしょう。

仕事は、人生に必要なことをすべて教えてくれます。プライベートにも活かせる人間の本質や道理を学ぶことができ、自身を成長させ、人生を充実したものにしてくれます。若い読者の皆さんは、奥深い仕事の世界に、ぜひともどっぷりつかってみてください。しんどく見えるような仕事の先には、想像もしなかった世界が広がっているはずです。

2019年に『社会人1年目の教科書』という書籍を出版し、大変好評をいただきました。本書は、その内容をアップデートしたものです。20代のうちに身につけておきたい仕事の基本やマインド、考え方を全て詰め込みました。これらの仕事の基礎力が将来あなたの役に立つはずです。それでは、始めましょう。

菅沼　勇基

はじめに …… 002

第1章 「仕事」って何だ？

仕事の捉え方が、あなたの一生を決める …… 016

仕事の進め方
伸びない人はスマートさにこだわる。
伸びる人は泥臭いことをしっかりやる。 …… 019

仕事の捉え方
伸びない人は大きな仕事をやりたがる。
伸びる人は小さな仕事を一つずつクリアする。 …… 023

働き方
伸びない人はワークライフバランスを大事にする。
伸びる人は時間ではなく心のバランスを大事にする。 …… 029

仕事と遊び
伸びない人は「仕事は嫌だけどやらなければ」と考える。
伸びる人は「仕事は遊びのようなものだ」と考える。 …… 035

朝の使い方
伸びない人は定時ギリギリに出社する。
伸びる人は定時2時間前に出社する。 …… 040

休日
伸びない人は疲れたから休日にゴロゴロする。
伸びる人は充実した休日を過ごす。……043

雑用
伸びない人は雑用をしぶしぶやる。
伸びる人は雑用から仕事の基本を学ぶ。……048

話し方
伸びない人は話し方を意識したことがない。
伸びる人は話し方のスキルを身につけている。……054

執着心
伸びない人はすぐ見切りをつける。
伸びる人は何があっても食らいついていく。……057

失敗
伸びない人は失敗を過剰に恐れる。
伸びる人は失敗によって成長できると知っている。……061

第2章 「目標」って何だ？

目標のない仕事はありえない……068

目標の捉え方
伸びない人は目標を目安と考える。
伸びる人はゴールから逆算して目標を設定する。……072

仕事での目標
伸びない人は与えられたノルマを目標にする。
伸びる人はノルマの120％を目標にする。……076

目標設定
伸びない人は目標を難しく考える。
伸びる人は目標を素直に考える。……083

達成への意識
伸びない人は勢いだけで仕事している。
伸びる人は目標を常に意識している。……090

手帳の使い方
伸びない人は手帳をスケジュール管理のために使う。
伸びる人は手帳を夢と目標を書きとめるために使う。……094

自己対話
伸びない人は流されるままにやる。
伸びる人は折々で自分と対話しながら努力する。……097

仮説
伸びない人は仕事に急いでとりかかる。
伸びる人は仮説を立ててからとりかかる。……100

目標とする人
伸びない人は自己流でやろうとする。
伸びる人は他人のいいところをまず全部まねる。……102

視点
伸びない人は新入社員の視点しか持っていない。
伸びる人は目標とする人の視点で考える。……106

学生時代の目標
伸びない人は学生時代から「快楽」だけに身を任せている。
伸びる人は学生時代から「ToDo」を意識している。……110
継続力
伸びない人は目標を立てて満足する。
伸びる人は自分の目標を毎日確認する。……115
人生の目標
伸びない人は「こんな人生を送りたい」と夢想するだけ。
伸びる人は「こんな人生を送りたい」からいまを重視する。……118
目標とお金
伸びない人はお金稼ぎは二の次だと考える。
伸びる人はお金を貯めてから夢や目標を実現する。……121

第3章
「人間関係」って何だ？

人の一生はすべて「営業」である……126
自己アピール
伸びない人は「評価は自分がするものじゃない」と考える。
伸びる人は「自分という商品をどう売るか」を考える。……129
上司との外出
伸びない人は上司との外出時間をなんとなく過ごす。
伸びる人は外出先で上司に対する観察眼を磨く。……133

第4章

「成長」って何だ？

人が伸びる「原理」を知る …… 156

職場の待遇
伸びる人は時短をチャンスと捉えて自分の成長を促す。
伸びない人は働き方改革でラクをしようとする。 …… 151

報連相
伸びる人は「仕事＝報連相」だと考える。
伸びない人は「報連相は仕事上の義務」だと思っている。 …… 148

信用
伸びる人は小さな仕事は信用を得る機会だと知っている。
伸びない人は小さな仕事を単なる雑務と考える。 …… 144

人脈
伸びる人は人脈づくりが仕事の基盤と考える。
伸びない人は人脈を考えて仕事をしない。 …… 139

要領
伸びる人は遊びのために仕事を調整する。
伸びない人は仕事のために遊びを犠牲にする。 …… 136

成功体験
伸びない人は無謀な仕事で失敗して無力感を感じる。
伸びる人は小さな目標をやり抜いて自信を得ていく。…… 159

結果への執着
伸びない人は短期間では結果なんて出ないと思う。
伸びる人はどんな場所でも結果にこだわる。…… 164

質と量
伸びない人は最初から質を求める。
伸びる人は量を求める。…… 169

他者評価
伸びない人は褒められて満足する。
伸びる人は褒められたあとの「一言」から学ぶ。…… 172

仕事の知識
伸びない人は自分で調べる。
伸びる人はとにかく人に聞く。…… 176

成長の機会
伸びない人は会社以外では勉強しない。
伸びる人はたまたま入った食堂でも学びを見つける。…… 182

教養
伸びない人は仕事で必要な知識があれば十分と考える。
伸びる人は教養こそ仕事の鍵と考える。…… 185

情報収集
伸びない人はマンガだけ読む。
伸びる人はビジネス書を読む。…… 192

人と会う
伸びない人は本さえ読めば十分と考える。
伸びる人は会えばさらなる刺激が得られると知っている。 …… 197

プライベート
伸びない人はプライベートを惰性で送る。
伸びる人はプライベートでも目的を持って過ごす。 …… 199

投資
伸びない人はいつか投資をしようと考える。
伸びる人はできる投資をする。 …… 202

転職
伸びない人は目の前の仕事・上司が嫌で転職する。
伸びる人は自らの人生のために必要なら転職する。 …… 205

本書は『社会人1年目の教科書』（弊社刊）の内容に加筆修正をしたものです。

第1章

「仕事」って何だ？

仕事の捉え方が、あなたの一生を決める

社会人になると、それまでの人生とはガラッと様子が変わります。

これまでは、学業という一本道をひたすら走っていればいい人生でした。しかし、社会人になったら「誰かが引いてくれたレール」はありません。自分でゴールを設定し、それに向かって自分でレールを引きながら進んでいく必要があります。

ゴールを決めるのは自分自身です。周囲は関係ありません。


大学受験なら、周りの誰かに勝つとか、誰かよりも「いい大学」に行くというのはモチベーションになり得たでしょう。しかし、社会人になったら、本質的には周囲の誰かと競っても仕方がありません。その相手は、あなたとは別の価値観で、別のゴールを定

めているからです。

たとえば、「将棋」のプロ棋士なのに、「オセロ」の世界王者に「チェス」で戦って勝っても、まったく意味を成さないのと同じです。

人の幸せは、物差しがそれぞれ違うので、本質的には比べることなどできないのです。人生に勝ち負けなどなく、それぞれが「自分のゴール」に向かって歩んでいるのが、世の中の本当の姿です。だから、勝ち組も負け組もありません。

強いて言えば、**「自分の人生」の勝者になるべき**なのです。

ではどうすれば自分の人生の勝者になれるのか。なりたい自分、やりたいこと――これらが実現できれば、自分の人生の勝者になれたと言っていいのではないでしょうか。

まずは自分でゴールを見つけ、線路を引くことから始めましょう。それをこの社会人1年目でやるべきだと思うのです。

断言しますが、**社会人になった最初の1年間のがんばりいかんによって、人生はまったく違ったものになります**。ここで間違ってしまうと、もう二度と人生は戻らないといっていいほど、この1年は重要なのです。この1年を活かすも殺すも自分次第です。

どんな仕事でもそうだと思いますが、1年目に教えられた仕事のやり方、取引先や上司との付き合い方は、ずっと覚えているものです。職種が変わっても、結局、同じような仕事のやり方をしていたりするものです。

真っ白なキャンバスの上に描いた下地は、その上からどんな絵を書いても、影響が出てきます。いつまでも残って、終生あなたに影響を与えるのです。

転職を斡旋《あっせん》するプロフェッショナルの転職コーディネーターの話では、転職市場では、「1社目でどんな会社に勤めたか」を非常に重視するといいます。何社か転職経験のある人でもそうだというのです。1社目でなぜその会社を選んだのか、どういう会社にどれくらいの期間勤めていて、どんなことを教えてもらったのかが重要だといいます。

それくらい1年目が大切だということなのです。

「この1年で自分の一生は決まる」というぐらいの覚悟で、最初の1年に取り組んでいくことです。

仕事の進め方

伸びない人はスマートさにこだわる。
伸びる人は泥臭いことをしっかりやる。

いま、20代・30代で、「戦略的にアグレッシブに仕事ができる」人が、本当に減っていると感じます。しかし、どんな仕事でも――それがたとえ一見つまらない仕事であっても、やる気があり、そこに自分なりの意味づけをすることができれば、やりがいのある仕事にできます。

ワークライフバランスの必要性が叫ばれていますが、20代のうちは基礎固めの時期。新卒からワークライフバランスを重視していては、鍛えるべき時期に鍛えられません。一人前と認められるまでは、ある程度の仕事量はこなすべきだと私は考えています。

30歳までとは言いませんが、少なくとも25歳くらいまでは頑張ってみる価値があるのではないでしょうか。しっかりした基礎力を20代半ばくらいまでに身につければ、人生は大きく変わります。

できる人材は、年齢に関係なく、ひとりの社会人としてリスペクトされ、自由に行動できます。これは、昔のように年功序列ではなく、実力主義の時代になったからです。

我々の世代は、長年の修行期間を経て一人前と認められましたが、いまは一定以上の成果を出せば、年齢にかかわらずプロとして認められます。若いうちに懸命に努力し、基礎を固めることで、その後の仕事人生はより楽しいものになるはずです。

仕事の幅は、ある程度20代で決まってしまいます。20代で仕事に楽しさを見出せなければ、30代、40代と歳を重ねたとしても仕事の幅は変わりません。さらに生活の負担が増える50代、60代で所得は伸び悩み、苦境に立たされるかもしれません。

だから、新社会人のうちにがむしゃらに頑張ることが大切だと思います。この「仕事への情熱」こそ、自分の道を開いてくれます。

情熱があれば、泥臭い仕事も嫌がらずにできます。

たとえば、営業の仕事として「飛び込み営業」というのがあります。

アポイントメントを取らずにいきなり訪問し、管理職級の社員を紹介してもらい、面会できるように交渉します。約束なく訪問するわけですから、相手も忙しいので会ってもらえないこともしばしばです。窓口で邪険に扱われることも多く、こちらとしてもあまりいい思いがしないときもよくあります。

そのため、そういう仕事が嫌だからといって、飛び込み営業をせず、「そんなの電話かメールのほうが効率いいし、スマートだよ」と考えてしまいがちです。

でも、私は泥臭い飛び込み営業を得意としていました。役員の名前を知らないときでも、「以前、お伺いしたのですが、お名前を忘れてしまって、ええと……」と言うと、だいたい「○○と××がいるけど、どっちかな」と言って教えてくれます。

そうやって手練手管《てれんてくだ》を使って営業活動をしていると、相手も「こいつはおもしろいやつだ」ということで、だんだんと会ってくれたり、話ができたりするようになっていきました。

特に学歴が高い人ほど、変なプライドが邪魔して、何でも効率的にスマートにやろうと考えてしまいがちです。しかし、労力を使うこと、体を使うことで、初めて会得できる仕事のコツもあるのです。若いうちはそうして仕事に情熱を燃やすことです。

仕事で大きな成果を上げようとするときほど、周囲の人に動いてもらわなければなりません。それにはあなたの「情熱」や「やる気」が絶対条件です。実際の仕事の中では、「あなたがそこまで言うんなら」と言って相手が動いてくれることがよくあります。でも、「こうしておけばいいとは思うんだけど……」とか、やる気のない様子では、誰も動いてなんかくれません。仕事のノウハウも重要ですが、それ以上に1年目では、自分のやる気が、まずはすべての成果の元となるのです。

仕事の捉え方

伸びない人は大きな仕事をやりたがる。
伸びる人は小さな仕事を一つずつクリアする。

いま私は不動産の仕事に携わっていますが、現在の仕事の基礎には、たとえば学生時代のアルバイトなどの経験も活かされています。

私の実家はもともと神奈川県で農家を営んでいました。一方で、不動産による家賃収入も得ていました。そのことから、自分もお金に興味を持ち、大学生のころから将来は不動産を扱う仕事をしていきたいと考えていました。

その当時の私は、カリスマ営業マンが書いた営業ノウハウの本など、とにかく営業に使えそうな本を片っ端から読んでいきました。不動産売買の営業を仕事にしたいと思っていたからです。

実際に、アルバイトで営業につながる仕事もしていました。不動産の場合、商品金額が高いので、なるべく金額の高いものを売る営業の仕事を経験したいと考えました。しかし、不動産業界ではアルバイトは雇ってくれません。自動車業界もダメ。そうなると、唯一、高額商品を売るアルバイトとしては、「家電」が思い浮かびました。そこで横浜駅の駅前にあるビックカメラで、販売員としてテレビを売るアルバイトを始めたのです。


このアルバイトは大学3年生のときに始めたのですが、当然、最初はアルバイトの新人にテレビのような高額商品は売らせてもらえません。

最初はゲームコーナーでゲームソフトの品出しをしたり、商品を陳列する棚を掃除したり、店頭で「いらっしゃいませ、いらっしゃいませ」と声出しする仕事が主でした。

つまらなく見える仕事かもしれませんが、「これも何か大きな仕事につながるはずだ」と信じて、くさることなく、とにかく一生懸命にやっていました。すると、テレビ部門の売り場で販売員に欠員が出たときに、私が補充要員として呼んでもらえたのです。

とはいえ、最初からは売り場に出させてもらえません。家電量販店の売り場の販売員はそれなりのベテランが務めていて、やはり「売る力」のある人だけがあそこに立てるのです。ですから、最初は品出しをしたり、バックヤードで商品のストックをきれいに整理整頓したりといったことしかやらせてもらえません。ただ、しばらくすると、「売り場に立っていい」という指示が出たので、そこから売り方を覚えていきました。

もともとやりたかったのは営業の仕事なのですが、そのためには販売を勉強しなければならないという考えがありました。販売をわかった上でないと、営業などできないと思っていたのです。

販売の仕事というのは、購買意欲がある人に対して、いかに「購入の決断をしてもらうか」という仕事です。一方で営業の仕事というのは、購買意欲があるかどうかわからない、あるいはちょっと興味があるだけ、という人をいかに「その気にさせ、買ってもらうか」という仕事です。ですから、営業のほうがより難易度は高いと考えています。

テレビの販売の仕事はそれから1年ほど続けました。ビックカメラで高額なテレビを売るという経験ができたことで、「こうしたら人は動く」「こうすれば人は買ってくれる」というコツのようなものを、なんとなくつかめた感覚がありました。

仕事には段階があり、会社は将来的に難易度の高い仕事ができるように、さまざまな経験を積ませようと考えて、最初は基礎的な仕事をさせます。それは本人からすれば、「雑用」に見えることもあります。しかし、**そうした基礎的な仕事がしっかりできるかを会社は見ている**のです。仕事というものは段階を経ながら、だんだん難しくなっていくものなのだということを、この販売の仕事から学べたと考えています。

そうした経験は、大学を卒業して入った住友不動産でも活かすことができました。住友不動産でも、最初は見込み客に対して販売をしていく仕事をします。それも新人はなるべく確度の高いものをやらせてもらい、成功体験を得ていきます。そうして売り方がわかったところで、営業の世界に進んでいきます。

ところが、私の場合、すでに販売のなんたるかは大学時代に学ぶことができていたので、社会人1年目から営業の現場で仕事をすることができるわけです。他の同期社員とはスタート時点から違っていたのです。

優秀な人ほど、大きな仕事をやりたいという思いを持っているようです。高学歴だと仕事に対する意識が高い場合も多いのですが、最初から効率よく「大きな仕事」で成果を出したがる気質のある人もいます。確かにそういう気持ちもわかります。私も大きな仕事をしたいとずっと思っていましたから。

しかし、やはりそれでも、最初は「与えられた仕事を自分なりに工夫しながらコツコツやる」ということが大事なのです。

たとえば、大手建設会社に入って大規模な建築物をつくりたいというとき、それには構造や設計のことを実地でも学ばなければなりません。そうでなければ、大規模建築物の設計監理や工事監督などできるはずがありません。

銀行でも、通常は窓口での業務や来店されるお客さまへの挨拶からスタートします。特にメガバンクなどに就職できた場合、「大手の銀行に入ったんだから、海外事業の部署に入って……」と考えるかもしれませんが、最初は窓口で「保険はいかがでしょうか」「投資信託はいかがでしょうか」というところから始めるものなのです。

ところが、そうしたことがわからない人は、「自分はこんな仕事をするために入ったんじゃない！」と考えてしまいます。

窓口で元気よく、はつらつと仕事をしていれば、必ず「あいつは元気がいいな。外回りをさせてみるか」というふうになっていきます。

銀行の窓口の前に立ち、入店してきたお客さまに「本日はどのようなご用件でしょうか？」と言って、「○番を押して、番号票を持ってお待ちください」と案内してくれる人がいるでしょう。そういう役回りに自分がなったときも、**誠心誠意やっていると、それだけでも小さな信用を積み重ねることができる**のです。

いまはSNS時代なのだから、自分で「こういう仕事ができます」とアピールすれば、仕事が得られる場合も多いでしょう。しかしそれは、最初は小さな仕事のはずです。ただ、その小さな仕事を自分なりに工夫してやる中で信用を得ていくと、「こんなことはできるか？」という、プラスアルファの仕事を求められるようになっていきます。そのプラスアルファを解決すると、「こんなこともできますよ」という実績が増えて、さらに仕事が増えていくはずです。

それに応えていくと、おのずと「自分にしかできない仕事」ができてくるのです。

働き方

伸びない人はワークライフバランスを大事にする。
伸びる人は時間ではなく心のバランスを大事にする。

仕事というものは、人生の中でどのように位置づけたらいいのでしょうか。

実は、これによってあなたの一生が決まると思っても過言ではありません。なぜなら、人生の多くの時間を仕事に費やしているからです。

時間はすべての人に平等で、1年は365日、1日は24時間です。どんなにお金を持っていても、どんなに才能あふれる人でも、1年が400日になったり、1日が30時間になったりはしません。

その中で、労働基準法に基づいて普通に労働するとなると、1日8時間、週40時間が上限です。たとえば、午前9時から午後6時まで働くとすれば、途中、昼休みなどがあって9時間は拘束されます。

それに通勤が加わります。たとえばドア・ツー・ドアで1時間、往復で2時間とすると、仕事のために11時間を費やすことになります。

9時からの始業で8時59分に来る人はいませんから、普通に考えて8時半には出社します。午後6時に終わっても、帰るための準備などをしていると、なんだかんだで30分ぐらいはすぐに経ちます。すると、合計12時間ぐらいは仕事のために使うことになるでしょう。

ましてや睡眠時間が6時間だとすると、起

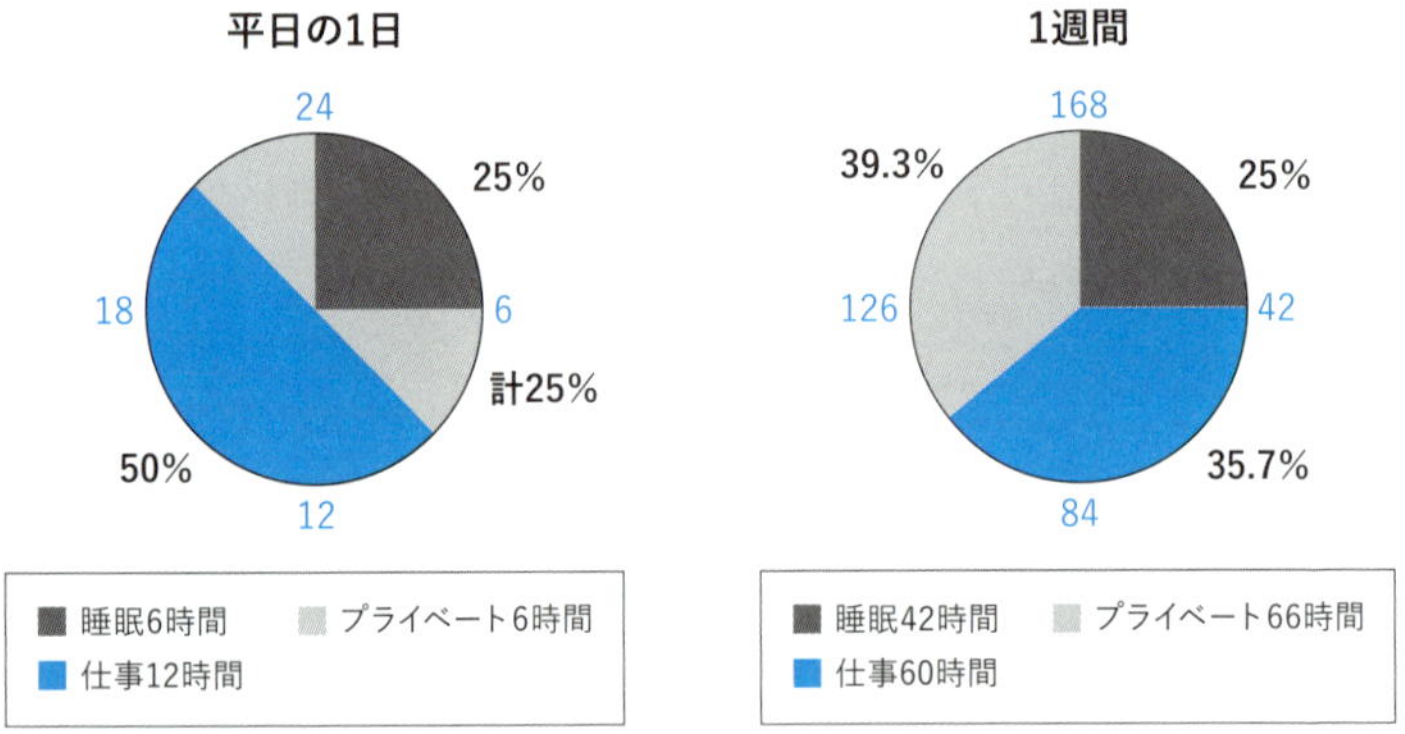

平日なら1日の半分、1週間でも1/3以上が仕事の時間

きている18時間のうち12時間は仕事のために使っているので、平日は起きている時間の実に3分の2が仕事です。プライベートの時間は6時間しかありません。週休が2日だとして、土日は起きている18時間×2の36時間がプライベートになります。

1週間単位で見ると、全部で168時間のうち、起きている時間は18時間×7で126時間。このうち12時間×5＝60時間を仕事のために使い、平日の6時間×5＝30時間と休日の36時間で計66時間をプライベートに使っていることになります。

こう考えると、眠っている以外のほぼ半分の時間は、仕事のために使っていることになります。

本当は睡眠を7時間くらい取ったほうがいいので、そのくらい眠ると、もう仕事に使う時間のほうが多くなってしまいます。

さらに日曜の夕方になると、『サザエさん』を観ながら「また明日から仕事か……」と仕事モードの憂鬱な気分になる「サザエさん症候群」になります。実際、私もサラリーマン時代には、サザエさん症候群になりました。心の中が仕事で支配されてしまうのです。

仕事に隷属して、苦痛を感じながら過ごしていると、仕事の時間が長いだけに、人生そのものが苦痛に感じられるようになってきます。そんなのはバカバカしいと思いませんか？

仕事いかんで人生の充実度・幸福感が決まります。仕事がおもしろくなかったら、何のためにあなたが「生きている時間の半分」も費やしているのかわからなくなります。

ですから、**「仕事＝苦痛」という考え方を転換する必要がある**のです。

いまの時代は、かつての高度経済成長期のように、新しいものをどんどん生み出し、海外にも打って出て、ガンガン稼いでいくという成長軌道が描きにくい時代ではありません。どちらかというと、そうした「攻めの姿勢」よりも、どうやってコストカットし、コンプライアンスを守りながら、売上を維持していきつつ利益を絞り出していくかという「守りの姿勢」が強くなっています。

そうして、「自分がした仕事で、会社の利益が上がって儲かり、自分の給料もどんどん上がっていく」という姿を描きにくくなっています。守りの仕事というのは、どうしてもつまらないと感じてしまいがちです。

仕事時間とプライベートな時間のバランスを取らなければいけないと感じる人は、仕事がおもしろくないと感じている人に違いありません。なぜなら、仕事がおもしろく、充実していると感じることができていれば、仕事自体がライフの一部になるだけであり、そもそもバランスを取る必要が薄くなってくるからです。

私は、本来のワークライフバランスとは、単なる「働く時間の割り振り」の話ではないと考えているのですが、勘違いしている人は多いようです。

よくよく考えてみると、労働基準法は1947年に施行された法律です。かつて、週休1日だった時代に制定されたものが、そのまま現代に当てはまるとは思えません。

もちろん法律は守る必要がありますが、あまりそこに縛られず、個々が自由に働けるといいのではないでしょうか。

高校の部活動でも、全体練習だけ行なっていても周りの部員より上達しません。だからこそ上手くなりたい人は、自主練習するわけです。

仕事も同じではないでしょうか。たとえば、喫茶店で勉強するのも自主練習です。パワーポイントのスキルを向上するために、関連書籍を読んだり、動画を見たりするなど、自主的に学ぶ方法はいくらでもあります。

また30代以上になると、家族や子どもの関係などで、自分の時間は少なくなってきます。その時に「練習したい」と思っても、そもそも時間がない場合もあるでしょう。自分の時間を仕事に十分に当てられる20代こそチャンスです。

そうして、自ら学び続ける姿勢を持っていると、楽しくなってきます。楽しんで仕事ができていれば、人生の多くの時間を仕事に費やしていたとしても、人生のそのもののバランスは取れているわけです。本当に大事にしなければいけないのは、「時間」のバランスではなく、「心」のバランスなのだと思います。

仕事と遊び

伸びない人は「仕事は嫌だけどやらなければ」と考える。
伸びる人は「仕事は遊びのようなものだ」と考える。

仕事がつまらない人は、「勉強」と同じようなものとして、仕事を捉えているように思います。勉強をつまらないと感じ、できなくて苦労した人は、「仕事＝勉強＝嫌なものだけどやらなければならないこと」という図式で捉えてしまっています。

けれども、勉強が好きな人もいれば、仕事が好きな人もいるわけです。そういう人は、ずっと仕事をしていても苦痛には感じないはずです。

ただ、そうした「仕事が好きな人」「仕事が嫌いな人」を、客観的にわかりやすく分けることはできません。とはいえ政府としては、何らかのラインを設けなくてはならないのも事実です。そのため、客観的にわかる指標として「労働時間の上限」を決めましょうというのが、現今の働き方改革の議論だと私は考えています。

前項でもお話ししたように、仕事が楽しくなければ、いくらプライベートを充実させたところで、人生そのものは充実しません。そもそも根幹にあるものが仕事であって、その上でプライベートが活かされるからです。

つまり、仕事＝苦であり、プライベート＝楽であるような二項対立の発想ではなく、そもそも仕事あってこそのプライベートであるということです。

なぜ仕事が根底にあらねばならないのかというと、プライベートで遊んだり、飲み食いしたりする「お金」も仕事で稼いでいるからです。仕事をしなければ、遊んだり、飲み食いしたりすることがそもそもできません。

これは太古からずっとそうでした。大昔から、遊びや余暇の時間はあったでしょう。しかし、狩猟生活であろうと農耕生活であろうと、働かないでよかった時代はほとんどありません。働かなければ食うことができず、死ぬしかないからです。

仕事とプライベートが対立構造になっているせいで、日曜日の「サザエさん症候群」

が出てくるのですから、対立という考えを取り除けばいいのです。

オランダの歴史学者ヨハン・ホイジンガは、１９３８年の著書『ホモ・ルーデンス』において、人間とは「ホモ・ルーデンス＝遊ぶ人」であると言いました。遊びが人間活動の本質であり、文化を生み出す根源であると説いたのです。

京セラ創業者の稲盛和夫さんも「仕事は道楽である」と言っています。しかも、**ほかの遊びは自分がお金を出すほうですが、仕事はお金がもらえて感謝される遊び**ということになります。こんな遊びはほかにないのです。

考えてみれば、いまやわれわれが携わる仕事の多くは「どうしてもなければならないもの」ではなく、誰かの生活を少し豊かにするだけのものでしょう。そうであるなら、少し肩の力を抜いて、仕事も遊びも一緒くたにしてしまい、どちらも楽しめるようにしたほうがいいはずです。

やりようによっては、仕事を楽しくすることは可能です。けれども、ここで言う「楽しく」は、友達と冗談を言い合って笑ってばかりいるような楽しさではありません。

「仕事を楽しく」というのは、「仕事を充実させる」ということとほとんど同義です。楽しく仕事ができているということは、仕事が充実しているということです。

では、**仕事を充実させるのには何が必要かというと、ひとつは「慣れる」こと**です。慣れることによって、遊びの感覚を発揮できるような「余裕」が出てきます。

たとえば、伝統工芸品をつくっている職人は、相当長い修業期間が必要です。それは量をたくさんこなすことで慣れるためなのです。

かつての職人の世界は、生来の能力・素質のようなものはそこまで問われませんでした。もちろん、どの分野にも天才的な人材はたびたび現れていますが、ただでさえ人材の少ない時代に、才能のある人だけを選んでいたら、その伝統工芸品はとっくに作り手がいなくなって、途絶えてしまったでしょう。

現代の仕事でも、やり始めた最初は何もわからないはずですが、3年、5年と働いて慣れていけば、仕事の〝勘どころ〟がわかってきます。そして、それ以外のところはそれほどこだわる必要がないとわかってきます。

「やらなくていいところ」のムダを省けば、労働時間は減らすことができます。

仕事に熟練していない人が、ワークライフバランスを取ろうとすると、より一層「働かなくていいんだ」というイメージになってしまいますが、そうではありません。きちんと仕事をして、習熟によって「遊びどころ、抜きどころ」をわきまえること。それでこそ、ワークライフバランスが取れていくのです。

一方で、仕事には「苦痛」もつきものです。いわば四苦八苦することが人間らしいのであって、そうした苦しい段階を乗り越えるからこそ、より大きな充実を感じられます。それを端的に言語化したものとして、「若い時代の苦労は買ってでもしろ」ということわざがあるのです。

もし、仕事に苦しいことがひとつもなく、すべてが楽しいだけだったら、そんなものは絶対に続きません。苦しいことさえも「楽しい」と感じて前向きに成長し続けるマインドがあるような人であれば無敵ですが、やはりほとんどの人にとっては、楽しいところもあれば苦しいところもあって、まさに人生そのものなのが、仕事の世界なのです。

朝の使い方

伸びない人は定時ギリギリに出社する。
伸びる人は定時2時間前に出社する。

時間は、全員に平等に与えられています。みなさん時間を最大限に活用したいと思っているはずです。そのために**重要なのが「朝の時間」**です。よく「朝の1時間は夜の3時間」と言われますが、まさにその通りだと実感しています。

私の会社員時代の始業時間は、だいたい朝6時か7時でした。あまりに朝が早くて、会社のビルが開いていない時は、近くの喫茶店で仕事や勉強をしていました。

社長になったいまでも、朝型の生活は続いています。朝5時には起床し、6時から12時まではアポを入れずに集中して6時間作業します。「朝の1時間は夜の3時間」だとすると、夜の3倍、18時間分に相当しますよね。

そこから午後4時頃まで仕事をしたとしても、朝の6時間労働で得た18時間分に加え、さらに4時間。計22時間分の仕事をしたことになります。

私は朝の時間に最も面倒な仕事を割り当てています。朝は「これをやらなければ」という強い意志を持てますが、午後になるとどうしても億劫になってしまうからです。

残りの時間は、リラックスしたり、ジムで汗を流したりするなど、休息にあてています。このように時間のメリハリをつけることで、仕事もプライベートも充実させ、最大限に人生を楽しめるようになります。


そもそも朝を活用するようになったのは、唯一の集中できる時間だったからです。若いころは、日中さまざまな雑務を頼まれたり、電話やメールの対応に追われたりと、なかなか落ち着いて仕事ができません。そこで目をつけたのが、オフィスに誰もいない朝の時間だったのです。

早朝に出勤する人で、仕事ができない人は見たことがありません。逆に仕事に苦労している人は、定時ギリギリに出勤している印象です。これにはちゃんとした理由があります。

早起きして出勤した場合、計画を立てることからその1日が始まります。そして日中は、計画に沿って行動し、余裕を持って仕事をすることができます。つまり、先手先手で動けるようになるのです。そして夜は1日の振り返りを行い、できたこと、できなかったことを確認し、翌日のToDoリストを作成します。1日ごとにPDCAを回すことができるのです。

時間ギリギリに出勤した場合を考えてみましょう。もちろん、すぐに始業ですので、その日の計画を立てたり、見通したりする時間はありません。すると目の前の仕事に追われ続け、先が見えなくなり、いつの間にか夜になっています。一度後手に回ると、一日中悪いサイクルが続いてしまうのです。

これが毎日繰り返されたら、1年後に大きな差になっているのは明らかです。

ぜひ、朝型の生活に切り替えて、1日1日成長できるようにしましょう。

休日

伸びない人は疲れたから休日にゴロゴロする。
伸びる人は充実した休日を過ごす。

ここまでお話ししてきたように、われわれは人生の時間の多くを仕事に費やしています。ですから、「プライベートをいかに充実させるか」を考えるよりも、「仕事をいかに充実したものにするか」を考えたほうが、人生全体をよくするためには近道です。

仕事を始めたばかりの新入社員で、慣れない仕事で疲れてしまい、土曜日は昼近くまで寝てしまい、夕方から元気になってきて深夜まで遊び、日曜日はまたぐったりして過ごすという人は多いかもしれません。

しかし、20代のうちは、疲れても眠ればすぐに回復するのですから、土日も何かしら予定を入れて活動的に過ごした方がいいと思います。

いまは「積極的休養」といって、家で何もせずにゴロゴロしているより、せめて買い物に行くなどして体を動かすほうが、逆に仕事の疲れは取れるということがわかってきています。そうして休日に遊んで、ほどよく疲れたら、よく眠れて、また明日からがんばろうと思えます。

仕事が充実していれば、休んだときの疲れの取れ方が違ってきます。仕事で何か嫌なこと、心理的に引きずられる要素があったとしたら、体は休めていても気持ち的に休んだ気がしないものです。仕事を充実させると、よく休めて、またよい仕事ができるという好循環が生まれます。

本当に仕事が充実している人は、土曜日の朝から、遊びに仕事の勉強にとスケジュールを組んで、常に「何かやることがある状態」になっています。しかし、これがない人は、土日は疲れているから何も予定を入れずにいて、当日の思いつきで行動してしまいます。

私は1年間の52週間の週末の予定を、決められるものはすべて元日に決めてしまいます。地域の行事や自分の旅行の計画、友達と飲みに行く日まで決めてしまいます。

みなさんも、早めに上司に「この土日は予定が入っていますから、急な出勤に対応できません」とあらかじめ断っておけば、いまの時代なら普通は問題ないでしょう。

木曜までで仕事が溜まってきているようだったら、金曜日の朝に少し早く来てやればいいことです。こうすることで、自分の時間管理も上手になります。自分の時間管理がうまくできない人に、納期の管理などできるはずがありませんから。

そうやって、**旅行など何か楽しみを入れておけば、自分の励みにもなり、そのために仕事にエンジンをかけていくこともできます**。

「午後6時までに帰る」と決めれば、そこまでに仕事を終えられるようになるのが仕事というものです。同じ仕事でも、午後7時までにやろうとすれば、7時までかかってしまうのです。そうやって無意識に調整してしまうのが人間です。

実際に、独身時代には夜の8時、9時まで仕事をしていた人が、結婚して子どもが生まれ、保育園のお迎えのために午後4時までしか仕事ができなくなったのに、以前と変わらない仕事量をこなしているという例はいくらでもあります。
やってみたらできてしまったので、「いままでは何だったんだ!?」と本人でさえ不思議に思ってしまうぐらいです。「仕事というのは、こういうものなんだ」という思い込みが頭にこびりついてしまっているのでしょう。

結局、時間が10%短くなると、集中力は反対に10%以上高まることが多いのです。すると、結果的に10%以上の時間を短縮できたりします。

会議でもそうです。日本の会社では、以前はよく長時間かけてアイデア出しのような会議をだらだらとやっていましたが、いまは事前に資料を配布し、それを各自が読み込んだ上で会議に臨む形が多くなりました。まず結論から協議していき、同意が得られなければ、そこではじめて議論します。

弊社には、週休3日制を活用している社員がいます。30代で子育て中のその社員の場合、家庭と仕事の両立のため水・土・日曜日を休みにしています。配偶者の方は土日休みなので、家族の時間も確保できるわけです。会社が水曜日を休みにしていることもあり、週休3日と子供の送迎を両立し、9時〜17時という勤務時間で活躍しています。

ただ、時間に縛られない柔軟なスタイルで働いてもらえるのは、彼女の仕事のパフォーマンスが高いからです。重要なのは、労働時間ではなく実力だと思います。

週に3日休んだとしても、休日を充実して過ごすことができれば、仕事でのパフォーマンスは高くなり、効率も上がって、少ない労働時間を補えるはずです。

仕事に習熟したあとは、長時間労働で結果を出すというような時代ではありません。そのことを理解して、自分で人生を充実させるために、この状況をうまく使うにはどうしたらいいかを考えていくべきでしょう。

雑用

伸びない人は雑用をしぶしぶやる。
伸びる人は雑用から仕事の基本を学ぶ。

「私はコピーを取るためにこの会社に入ったんじゃありません」

そう言って会社を辞めていく人がいるのだそうです。本当かなと思うのですが、実際にいるようです。

入社すると、多くの会社で研修が行われます。数人の規模の会社でない限り、研修でいきなり現場に連れていかれることはほとんどなく、会議室や研修施設で研修するか、研修を受けながらオフィスでの事務仕事をするはずです。

そのときには、コピーを取る、ワードやパワーポイントで資料をつくる、調べ物をしてレポートをつくるといったことが仕事の大半となります。

それを**「コピーなんか自分の仕事じゃない」と言うのは、大切な仕事のイロハを学ぶ機会を自分から放棄しているようなもの**です。

2018年の夏の甲子園で優勝した大阪桐蔭高校の野球部では、中学生のときに硬式野球で日本一になった選手が入部しても、最初はグラウンド整備、ボール磨きから始めます。それが当然なので、「俺はグラウンド整備をするためにこの部に入ったんじゃない」と言う選手などいません。

そうした経験をしていると、「世の中というのはそういうものだ」というのがわかるのですが、こうした感覚は経験していないとわからないのかもしれません。

野球の場合、基礎体力がすべてのベースです。これがないと、長時間の練習を続けることができませんし、ケガをする原因にもなります。だから、グラウンド整備やボール磨きに加えて、体力強化のトレーニングがあります。

たとえば、延々とグラウンドを走ったり、何百本も素振りをしたりします。これが基礎体力の強化となります。それができてはじめて、グラウンドでノックを受け、フリーバッティングができます。

仕事でもまったく同じで、「コピーを取る」「資料をつくる」「調べ物をする」が仕事の基礎体力をつくることになります。それができるようになってはじめて、現場に出ていくことができるのです。

私は、コピーも満足に取れない人が、営業で契約が取れるとは思いません。

コピーの仕事を与えられたら、まずその仕事をしっかりやることです。コピーを取るだけで一生を終えたという話は聞いたことがありません。コピーがきっちりできるようになったら、次はたとえばワードで会議の議事録をつくってみなさいとなります。売上や利益には直接関係ありませんが、これも業務を円滑に進めるための大事な仕事です。

それがきちんとできるようになれば、また「今日は昨日より早かったな」とか、「議事録、よくまとまっているな」という具合に小さな信用を勝ち取ることができます。

そうして少しずつ「相手の期待の上」をいけば、なお信用は高まるでしょう。たとえば、明日までにやっておいてと言われたことを、「今日やりました！」となれば、また小さな信用が積み重なります。

そのうち、「あいつにコピーや資料づくりをやらせるだけではもったいない」となり、「今度、取引先に行くから、君も一緒についてきなさい」となります。

これをうまくこなしていくと、「今日行ったお客さんのところの見積もりをつくってみなさい」となり、それも慣れてくれば「今日は一人でお客さんのところにいって商談をしてきなさい」というふうになっていきます。

こんなふうに、仕事をどんどん転がしていくと、小さな信用がくっついて、雪だるまのようにどんどん大きな仕事になっていきます。

極論すれば、すべての仕事はコピー取りと一緒で、**反復練習を積み重ねる**ことで、どんどんうまくなっていきます。100本ノックで守備が上手になるのと同じです。

お客さんに商談して契約を取るという仕事も、何度も何度もやってみることで、だんだんよいものになっていきます。やり方が上手になっていくのです。

上手になると信用されるようになり、どんどん難しい仕事を任されるようになります。

すると、最終的には経営に近い部分を任されるようになり、役員や経営者になっていくのです。ですから、「コピー取り」からすべての道はつながっているのです。

コピーを取るのも、やり方によって明確に差が出ます。ある人は何も考えないで動きますが、できる人は「このコピーが何のために必要か」を考えてコピーを取ります。「縮小するのか、拡大するのか」「縮小するなら2分の1にするのか、4分の1にするのか」「モノクロなのか、カラーなのか」など、考える点はいくらでもあります。

たとえば、身分証明として免許証のコピーを取る必要があったとします。何も考えずにコピーをすれば、表と裏で2枚の紙が必要です。しかし、コピー機の機能を使えば、表裏を1枚に取ることもできます。本人確認をするのに2枚の紙をめくるより、1枚で見渡せたほうが便利でしょう。

できる人は、仕事の成果物を「使う人」のことまで考えて仕事ができます。これは、誰がどのようにそのコピーされたものを使うのか、目的がわかっていなければ、判断できません。目的を知って、そのために何をどうすればいいか、一つひとつ考える。そうすることで、難しい仕事もできるようになるのです。

こうしたことからもわかるように、コピーや資料づくりは、この先、難しい仕事をうまくやるための基本トレーニングでもあるのです。

基本トレーニングを怠ったアスリートが結果を出せた例はありません。そして一流と二流の違いは、日々の小さなトレーニングをどれだけ本気でやっていたかの差でしかないのです。

人間の能力なんて、たいした差はありません。みんなどんぐりの背比べです。年収に大きく差が出てしまうのは、日々の仕事をどれだけ本気でやったかだけの違いです。

そうやって、小さな仕事でも一つひとつ、意味や目的を考えながら、自分なりの工夫を凝らしていく仕事こそ、クリエイティブな仕事なのです。何かモノをつくり上げているからクリエイティブな仕事なのではありません。クリエイティブな職業があるわけではなく、仕事のやり方がクリエイティブなだけです。

そして、クリエイティブな仕事にするのは、ほかの誰でもなく、あくまでも自分だということです。

話し方

伸びない人は話し方を意識したことがない。
伸びる人は話し方のスキルを身につけている。

若い頃に身につけておくと、役立つスキルが「話し方」です。同じ内容であったとしても、話し方によって大きな差が出るものです。

私が20代の時、「成果を出すために、どう話せばいいのか」を徹底的に研究しました。その結果、**お客様との会話では、声のトーンや話すスピードを相手に合わせることが重要**だと気づきました。ゆっくり話す方にはゆっくりと、早口の方にはテンポ良く対応することで、会話の内容がスムーズに伝わりやすくなります。

さまざまな顧客と接する中で、この「合わせる」という手法の効果を実感しました。同じ内容を話しても、相手との波長が合うか否かで反応が大きく異なることを目の当たりにしたのです。その相手に合わせたコミュニケーションが営業成績の向上につながりました。この経験から、いまでも相手に合わせることを意識しています。

他に意識していることは、打ち合わせ前のアイスブレイク、いわゆるラポール形成です。相手の懐に入り込むためにはラポールが不可欠であり、そのために社員全員を巻き込んだ工夫をしています。

たとえば、来社されたお客様が会議室に入室する際に、社員全員で起立して挨拶をする。これもラポール形成に役立つのです。多くの企業では会議室以外に社員の姿を見る機会が少ないため、この歓迎ムードが「良い会社」という印象を与えます。少し古風かもしれませんが、効果は抜群です。

加えて、お茶出しの際に担当者に軽く会話してもらうことで、より親近感を持っていただけるよう努めています。

またクライアントに会う前の下調べも重要です。自分が興味あることを示すと、相手から好意を持ってもらえます。

たとえば、相手の会社が新商品を出していたら、それを話題にしていろいろと聞く。提案の前には、商品やサービスの説明よりも、相手との関係作りを重視していました。


初対面での商談では、いきなり本題に入ることはしません。顧客の緊張を解きほぐし、夢や目標を語ってもらう。自己宣言、つまりアファメーションが重要なのです。

商談に入ったら、まず相手のアファメーションを促しましょう。たとえば、あるお客様が1棟アパートの購入を考えているとします。最初から「いい商品がありまして……」と説明してはいけません。じっくり会話を重ね、「アパートを購入することによって何を叶えたいんですか？　どんな暮らしがしたいですか？」などと引き出していくのです。その本当の購入理由を掴めたとき、初めて物件を提案します。

商談の場面で試行錯誤していくと、こういった話し方のスキルが自然に身についていくものです。もっと成果を出したいと思っているなら、一度自分の話し方を研究してみるといいでしょう。

執着心

伸びない人はすぐ見切りをつける。
伸びる人は何があっても食らいついていく。

新卒1年目は、「仕事を探してこい」「飯のタネを見つけてこい」という仕事はほとんど与えられません。新人というのは、いわば親鳥が狩りをして獲ってきたものを、口を開けて待っていて、口の中に入れられたものを噛んで飲み込んでいる雛《ひな》のようなものです。それぐらいの仕事しか最初は与えられないものです。

だからこそ、「噛んで飲み込む」程度の仕事には100%応えなければなりません。1年目は、口に入れられるものを「食べたくないから」と言って吐き出す選択肢はないのです。食わず嫌いは絶対にダメです。そうして与えられた仕事をしたくないというのは、「食べたくない＝生きたくない」と言っているのと一緒です。

こう話すと、難しいことのように思うかもしれませんが、最初は「やれば誰でも完璧にできる仕事」しか与えられないものなので、心配はいりません。それが社会人3年目、4年目ともなると、「自分で狩りをして獲ってこい」ということになっていきます。

それまでに親の「狩りの仕方」を学んで、いざ自分がやるときに活かすわけです。

こうしたことからもわかるように、特に新人時代に「スマートに大きいことをやろう」というのはカッコいいことではありません。学歴や職種に関係なく、「**地道に粘り強く、簡単なことを完璧にやり抜く**」のが本当のカッコよさだと思います。

ですから、（本当は3年と言いたいところですが）せめて1年でも、泥臭く仕事に向き合ってみてほしいと思います。

これだけ「石の上にも3年」と言われているのに、新卒入社から3年未満で辞める人の比率はいっこうに下がりません。それは「好きなことを仕事にしなさい」と言われてきているために、「この会社では好きなことができない」と思ってしまい、「この会社でなければ、自分は輝けるはず」と思ってしまうからではないでしょうか。

仕事をしていれば、きついとか、おもしろくないとか、メンタル的に下がってくる時期は必ずあります。そういうときになんとか踏ん張って乗り越えていくことが、とても大切です。きついとき、しんどいときも、ずっとは続きません。踏ん張っていれば、必ずラクになってきます。

そうして乗り越えて3カ月もすれば、「あのときはなぜあんなに苦しんでいたのだろう」と思えるようになっていきます。苦しい思いも、人間はそんなに長期間は覚えていられないものなのです。

そして、きつくて苦しい時期を乗り越えた経験があると、多少のことではしんどいと思わなくなっていきます。すると、過去に感じた「苦しさMAX」の状態を再び経験しても、以前ほど苦しいと思わなくなっていくのです。「前回と同じくらいのことをやっているけど、今回はそんなにしんどくないな」と思えるようになっていきます。そうしてメンタルのベースが上がっていきます。

しかし、苦しいときに辞めて別のところに逃げた人は、この「乗り越えた経験」をしていないので、メンタルのベースが上がらないままです。乗り越えることを拒否した人は、また結局、転職先の会社で困難を経験します。そこでも逃げて転職していたら、単に苦労を繰り延べているだけです。苦労を繰り延べていると、メンタルのベースはいつまでも上がらず、しんどい仕事はずっとしんどいままです。

周囲に「あんなしんどそうなのに、よく続けられるな」という上司や同僚はいませんか。そういう人は、困難を乗り越える経験を何度も重ねてきているので、人が思うより、断然ラクに仕事ができているだけなのです。

最低限の基礎ができていない人は、どこに行っても評価されません。逆に**基礎がしっかりできている人は、どこへ行っても評価されます**。

ローソンからサントリーに移った新浪《にいなみ》剛《たけ》史《し》さんなど、「プロ経営者」と呼ばれる人たちが、まったく異分野の業界に飛び込んでも活躍できるのはそのためです。

3年間は覚悟して、基礎をしっかり身につけなければいけません。私も必死にその3年間は「サラリーマン」を務めました。やはり3年くらいやらないと、基本的なことは覚えられないと思っていたからです。

ですから、本来は3年、少なくとも1年間は絶対に辞めずに続けることです。

失敗

伸びない人は失敗を過剰に恐れる。
伸びる人は失敗によって成長できると知っている。

さまざまな会社の経営者やベテラン社会人にお会いすると、「いまの若手社員は、失敗を過剰に恐れてチャレンジしてくれないんですよね」「失敗しないとわかったものにだけ取り組むことが多いんです」といった感想を、いろいろな方面から聞きます。

失敗を過剰に恐れるのは、「叱られる」と思っているからなのでしょうか。学校などで叱られることにも慣れていないために、耐性がないことも多いのかもしれません。

「私は叱られるより、褒められて伸びるタイプ」などと言ったりする人もいますが、そもそも叱られたことがほとんどないのに、自分でタイプを決めつけている場合も多いのではないでしょうか。

私はわが社の社員に対して、「失敗」しても叱りません。しかし、「できることをやっていなかった」ときは話し合うようにしています。

たとえば、飛び込み営業で1日に50社回って、3件の契約を取ることが目標だったとしましょう。このとき、1件も契約が取れなくても、私なら叱りません。でも、30社しか回っていないなら考えを変えてもらう必要があるのです。

「契約を取る」というのは、相手もいることですから、できるときもあればできないときもあります。それなりのノウハウやテクニックも必要ですから、ある程度、そうしたものを身につけておかねばなりません。もちろん相手との相性もあります。

けれども、「1日50社回る」のはテクニックもノウハウもいりません。1日かければ誰もが達成できるレベルの仕事であり、やる気があるかどうかだけの問題です。それができないのは、怠慢でしかありません。

私は大学まで野球をずっと続けたのですが、よく言われるのは「ヒットは打てなくても、一塁まで全力で走ることはできる」ということです。ヒットを打てるかどうかは、相手もあることですので、打てることもあれば打てないこともあります。しかし、全力で走ることはできます。まさに先ほどの「1日50社回る」と一緒なのです。

営業でプレゼンに行ったときにも、お客さまに見せるか見せないかわからない資料をバッグに入れているかどうかが重要です。あらゆる状況を考えて資料をバッグに入れている人は、伸びる人です。資料を出して説明して、それでもダメなら仕方ありませんが、資料もなく「今日、資料忘れちゃいました」と言うのは単なる怠慢です。

契約を取るとかヒットを打つとかは、ある面で能力の問題です。しかし、「1日50軒」とか「全力で走る」ができるかどうかは心の問題です。能力では叱らず、心の弱さに気づいてもらうということです。

能力が足りないことを叱っても、できないものはできないのだから仕方がありません。叱っても、その瞬間にできるようにはなりません。なぜできないのかを分析して、できるようになるためにしなければならない努力について考えてもらいます。

逆に言えば、**実績が上がらないのを悲観することはありません。考えたほうがいいのは、心の弱さの部分です。**なぜ自分は「1日50社」ができないのか、「なぜ一塁まで全力で走れないのか」は考える必要があるでしょう。

基本的に、仕事で伸びる人はたくさん失敗しています。逆に、できない人は何もチャレンジしていないので、失敗もしません。

わが社では「失敗したっていいんだよ」と常に伝えています。むしろその失敗を次にどう活かすか――そこが大事です。

日本人は「失敗＝いけないこと」いう考えが強いのです。それは学校教育の影響があるのかもしれません。

学校での学力のチェック、つまりテストで間違っていると「バツ」になってしまいます。学校でそうした感覚が染みついてしまっているので、学力以外の分野にもそういう感覚を持ち込んでしまうのかもしれません。

10個の問題があって1つ間違えたら、学校では90点で、「残念だったね、もう少しだったね」という話になりますが、ビジネスで9割の課題を解決できたら、それはもう大成功といっていいでしょう。

その一方、失敗をすることで、「このやり方ではダメなんだな」ということがわかります。ひとつ情報が増えるのです。次からはその選択肢が消えるので、ほかの選択肢を実行すればいいはずです。それを繰り返していくと、どんどん成功に近づいていきます。

ですから、**1度失敗したということは、1歩前進と思っていい**のです。

私もサラリーマン時代は、失敗したり、うまくいかなかったりしたときには、ずいぶん叱られましたし、怒鳴られもしました。でも、私は気にしませんでした。

住宅営業をしていたとき、契約に至るまでの段階がさまざまな案件を、ABCの3つに仕分けしていました。ほとんど確実に契約が取れそうなのはA、もうひと押しでAに持っていけそうなのはB、まだまだ検討段階というのはCという具合です。

とにかく数多くの案件にチャレンジしていましたが、毎週ある営業会議で、AやBとなっていた案件はどうだったかと尋ねられて、「ダメでした」「まだ無理です」ということもよくありました。

そんなとき、ある先輩社員は「おまえ、こんなにたくさん案件を出してもダメなのかよ」と言うのですが、それに対して私は「だったら私ぐらい案件を出してくださいよ」と指摘しました。すると、それを聞いた部長が、「それもそうだよな」と言って、私を援護してくれたのです。

その先輩社員は、失敗を恐れて行動しない人でした。でも、みなさんには、行動せずに人の批判ばかりするような人にならないでほしいのです。

失敗したとき、うまくできなかったときに、恥ずかしく思うことはあります。実際のところ、恥ずかしいと思う必要はないのですが、別に恥ずかしく思ってもいいのです。「もう恥ずかしい思いはしたくない」と思うことが、次に成功するための糧になっていくのですから。

第2章

「目標」って何だ？

目標のない仕事はありえない

目標を持つことが大事であることはみんなわかっていますが、目標というものをどのように捉えたらいいのでしょうか。

どんなことにも目標はあります。会社には目標というものがあり、その下には部署ごとの目標があり、さらに個人の目標が振り分けられています。

ここで重要なのは、「与えられた目標」はこなすのが当たり前であって、**自分自身で決めた目標は、会社が決めた個人目標より高く持たなければならない**ということです。

会社が与える個人目標は、ノルマのようなもの。ノルマとは最低限のレベルです。かつては到底かなわないような目標を設定している会社もあったようですが、それだと社員が達成できなくてやる気を失ったり、叱責されることを恐れてごまかしたり、ストレスが溜まって辞めてしまったりするため、いまでは多くの会社で現実的なノルマが設定されていると思います。

この会社が定めた最低限のノルマを目標にしてしまうと、結局、そのレベルに達するかどうかの働き方しかしないようになってしまいます。それは決して手を抜いているわけではありません。限界がそれぐらいだと自然に思い込んでしまうのです。

本当は200できるのに自分の限界は100だと思い込んでいると、100に向かう努力しかしません。常に限界を超えていかなければ成長できないのです。

これは筋トレと同じです。筋トレを行うと筋肉痛になりますが、これは筋肉が傷ついた状態です。傷ついた筋肉が修復されるときに、筋肉が少し大きくなります。これを繰り返すことによって筋肉はどんどん大きくなり、重いものも持ち上げられるようになるのです。つまり、筋肉痛になるような、限界を超える負荷をかけなければ筋肉は成長しないということ。仕事上の成長もこれとまったく同じだと思ってください。

しかし、その「限界」というのは、他人の限界ではなく、人間の限界でもありません。あくまで「自分が思っている限界」です。

自分で思っている限界ほど不確かなことはありません。誰もがラクをしたいもので、そうした意識が潜在的にあるので、無意識にラクなレベルに「限界」を設定してしまうのです。でも、本当の限界はそこにはありません。

自分で思っている限界を信じていると、今日できることも明日にしよう、明日やることは明後日にしようと考えるようになります。

しかし、自分に厳しめの目標を設定していれば、明日できることを今日やり、午後できることも午前中に済ませるようになるでしょう。つまり、目標によって日々の行動が決まるということです。

高い目標という言葉を聞くと、いつも思い浮かべるのが大谷翔平選手です。2024年のシーズンで大谷選手は、ナ・リーグMVPに輝きました。

高校時代から目標を明確に設定し、逆算的に行動してきた大谷選手。花巻東高校時代に菊池雄星選手に憧れていた彼が「先輩の雄星さんみたいになりたい」と言うと、「菊池を越えると言え」という言葉を監督からかけられたそうです。

この教えは、2023年のWBC決勝で日本代表選手を鼓舞する際の「憧れるのをやめましょう」という言葉にも表れており、彼の根底に深く刻まれているのではないでしょうか。

ちなみに、私は2024年、大谷翔平選手の全ての試合を視聴し、オンラインで1年間帯同していました。彼の活躍に刺激を受け、45億円だった売上が、92億円に達しました。

目標もなくただ漠然と仕事をしていると、いつかは「このまま社会人をやっていていいのかな」と思うようになっていきます。それを30歳でも、40歳になっても言っている人はいます。そうやって、日常をただ過ごしている人と、目標を持って過ごしている人では雲泥の差が出ます。

目標の捉え方

伸びない人は目標を目安と考える。
伸びる人はゴールから逆算して目標を設定する。

目標の重要さがわかっていない人は、目標のことを単なる目安か、反対に実態のない夢物語のように考えています。

目標とは、目の標《しるべ》と書きますから、目に見えるものでなければなりません。つまり、具体的なものでなければならないのです。

まず30年後でも40年後でもいいので、50歳・60歳になったときにどんな状態になっていたいかを考えるところから始めてみるのがいいでしょう。

そのときになりたい自分を想像してみる。いまいる会社で社長になっているのか、役員になっているのか。はたまた独立して起業した経営者になっているのか。やりたいこと、なってみたい自分を想像してみるのです。

その上で、現在までを逆算していきます。

たとえば、50代で経営者になりたいのだとしたら、40代ではどのレベルになっていないといけないのか、30代ではどこまで昇進していなければならないのかと考えていきます。それによって10年後の姿も、5年後の姿も、3年後の姿も見えてきます。要は**ゴールに向かうためのレールが定まってくる**ということです。

40歳で大手企業のトップになろうとすれば、普段の仕事をがんばる以外に、プラスアルファのことも必要になってくるでしょう。上司にかわいがってもらうにはお世辞のひとつも言わなければならないだろうし、宴会芸も身につけなければならないかもしれません。

一方で、30代のうちに独立しようと思うなら、そういう社内でのし上がっていく処世術のようなものは必要ありませんから、さまざまな部署を経験していたほうがいい、ということになるかもしれません。お世辞を言うタイミングを学ぶよりは会計の知識があったほうがいいだろうし、宴会芸を身につけるよりはゴルフをやったほうがいいかもしれません。

仕事の時間だけでなく、プライベートの時間もやるべきことが決まってくるでしょう。

いきなり60歳時点のことを想像するのは難しいかもしれませんから、まずは30歳の時点でどうなっているかを想像してみることです。30歳だと7、8年先です。これくらいだとリアルな想像ができるでしょう。

30歳くらいだと、結婚についても考えるでしょうし、30代のうちには自宅を購入するということもあるでしょう。いろいろと人生が定まってくるのが30代という時期です。中期目標としては、たとえば「家庭的なことも踏まえて、どうなっていたいか」を考えるといいと思います。

また、短期目標としては、「20代のうちにどうなっていたいか」を考えます。たとえば、いまいる部署でどんどん成り上がっていくか、それとも自分が本当に行きたい部署に行くか。そのためには、どのように評価されていなければいけないか、その評価を得るために何が必要かを考えるのです。

また、22～23歳の新人が、社会人5年目の先輩の姿を見て「この人みたいになりたい」と思うのであれば、その人を模範にすればいいでしょう。

その理想像と、いまの自分との間にはギャップがあります。その差を過不足なく見積もって、差を埋めるための道筋を逆算します。そうすると、課題が出てきます。

「3年後にあの先輩のようになるには、2年後にはここまで成長しなければならない、1年後にはここまでできるようになっていないと無理だ」ということがわかるのです。

つまり、3年後が見えたら、2年後はどうか、1年後はどうなっていなければならないか。そのために、半年後は？　3カ月後は？　じゃあ今日はここまでやらなければ……と考えることができます。

そして、その進捗状況がどうなのかを毎日見直します。そして、それをこの1週間どうだったか、この1カ月どうだったか、この3カ月どうだったか、と見直すのです。

そうすれば、今日やることが明確になってきます。何も材料のないところから「今日、何をやるか」を考えるのはなかなか難しいですが、3年後から逆算して段階を踏んで考えていけばイメージしやすくなるはずです。

仕事での目標

伸びない人は与えられたノルマを目標にする。
伸びる人はノルマの120%を目標にする。

仕事を始めた当初は、右も左もわかりませんし、やることのほとんどすべてが初めてのものですから、とてもしんどいもののように見えます。仕事に時間もかかりますし、「自分はできない人間なのではないか」という考えが頭に浮かぶこともあるでしょう。

しかし人生は、わからないこと、慣れていないことをやることの連続です。

学校の勉強では、単元が変わるごとに新しいことを学びますよね。そういうときに、いちいち「慣れていないから」「うまくできないから」といって悲観してはいられません。仕事もこれと同じです。

では、こうした仕事における目標は、具体的にどう捉えればいいのでしょうか。

会社から与えられ、自分で思い込んでいる限界が１００だとしたら、自分で持つ目標は、その１２０％に設定することです。

入社当初の限界を１００とすると、１年間で１２０％成長できれば、１年目の終わりにはその人の限界は１２０まで伸びます。２年目の終わりには１２０×１・２で１４４になり、３年目の終わりには１４４×１・２で約１７３になります。そして、４年目の終わりには約２０８です。１２０％成長を４年間続ければ、２倍に成長できるのです。

ノルマ＝最低限の結果を目標にしてしまうと、目標の手前でプレッシャーがかかってき

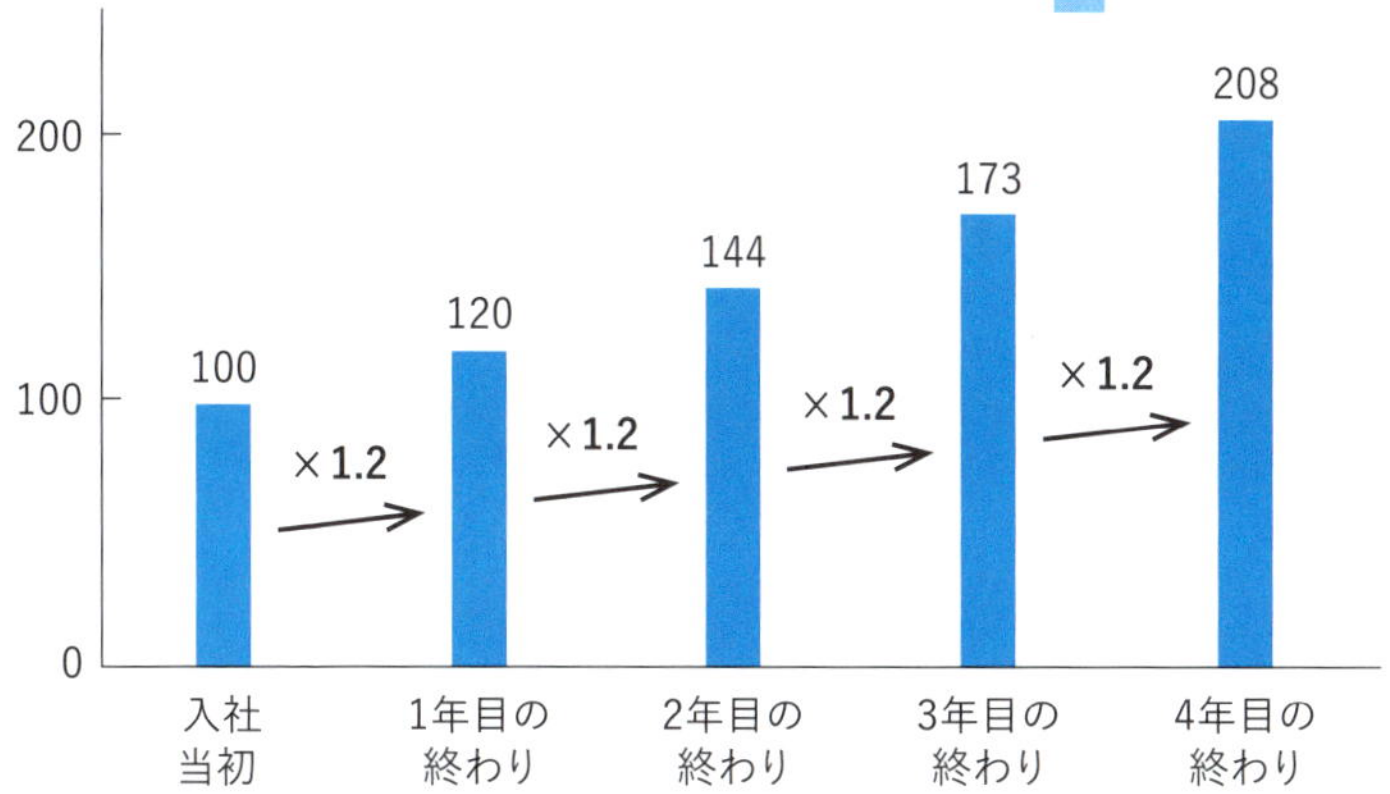

120%成長を4年間続ければ2倍に成長できる

ます。たとえば、月間の営業ノルマが1000万円だとすると、800万円ぐらいから「達成できるだろうか……」とプレッシャーがかかってきます。

しかし、目標を1200万円に設定していれば、プレッシャーがかかってくるのは1000万円前後からです。その時点でノルマの1000万円は楽にクリアしてしまっているわけです。1000万円を目標にしていたら、楽にクリアすることはできません。

会社から課されるノルマは、「あなたの給料分の働きは最低限これぐらいですよ」というものです。多くの会社では「営業部員にこれだけ稼いでもらわなければ、給料分が見合わない」という数字をノルマに設定しています。だから、これが達成できなければ、その営業部員は赤字社員ということになります。

ですから、与えられた目標を100%達成しても「よくやった」とはなりません。「ノルマが達成できたね」というだけで、たいして評価されません。ノルマ以上の成果を出して初めて評価されます。そして人よりちょっとすごいと思われるのは、ノルマの120%ぐらいからだということです。

私の場合は、ノルマの3倍の目標を立てていました。たとえば、ノルマが1000万円なら3000万円と考えます。もしくは期間を半分にして金額を1・5倍にします。

いまは半年ごとの成績が6月と12月に賞与で反映されるという制度になっている会社が多いと思いますが、私の場合は3カ月ごとで考えていました。

たとえば、半年で2000万円の売上が目標だったとすると、3カ月で3000万円を目指すのです。すると、半年で6000万円となり、目標の3倍の設定になります。

なぜ3カ月にしたのかというと、それぐらいの短期間でなければ、人は走り切ることができないからです。半年がんばるのは苦しいのです。4カ月目ぐらいになると息切れしてきて、あと2カ月もあるのか……と思ってしまいます。でも、3カ月＝90日ならなんとかがんばれそうな気がします。

弊社の社員評価も6カ月ごとですが、社員には3カ月単位で自ら目標を振り返ることを勧めています。四半期決算や半期決算の企業にお勤めの方も、ぜひ3カ月サイクルでの自己評価を取り入れてみてはいかがでしょうか。

たとえばノルマの3倍を目標として、3カ月で3000万円を目指すとなると、ひと月で1000万円の売上をつくる必要があります。ほかの人が3カ月かけてつくる売上が1カ月でできてしまいます。たとえ3カ月で2000万円しかいかなかったとしても、ほかの人の2倍の成績を挙げられているのですから、社内で相当評価されるでしょう。

それを3カ月で1000万円としてしまうと、ゆっくり仕事をすることになります。本当はもっとできるにもかかわらず、もっとも伸びる若い時期を空費してしまいます。

とはいえ、これは将来、役員になる出世コースを目指すような人の場合です。そういう人にとっては、ノルマの2倍、3倍の実績が必要かもしれませんが、初期設定としては、まずは「1・2倍」が妥当だと思います。

大手コンサルティング会社の船井総合研究所では、「毎年120%成長を目指す」といいます。これが130%とか140%だと無理が生じて、どこかで破綻してしまうのですが、120%だと無理のない程度にがんばれる範囲なのだというのです。

ノルマの2倍以上の実績を求めようとすると、従来のやり方を根本的に変える必要があります。そこまでは、さすがに若手社員の段階では難しい場合が多いでしょう。最初から2倍、3倍の目標を設定しても、あきらめる癖がついてしまうだけです。

しかし、120%なら「プラスアルファの改善」で達成できる範囲です。わが社でも、最低限の120%を自分なりの目標として持ちなさいと社員に伝えています。

働く時間については、どう考えればいいでしょうか。

1日8時間労働の会社なら、昼休憩を除くと7時間。1週間で35時間、1カ月＝4週間とすると140時間です。2人分である280時間の仕事を、140時間ずつ2人でやったときと、1人で280時間やったときでは、成果としては2倍以上の差が出ます。というのは、1人の人間がやることでスキルが鍛えられ、能率が上がるからです。

働く時間を増やしたことに対する成果は、単純な倍数ではなく、「√《ルート》」で考えるとよいといわれます。たとえば「人の2倍働く」という場合は、単純に時間を2倍にするのではなく、√をとって1・41倍で、約10時間働けばいいということです。つまり、10時間働けば、人の2倍働いた効果を発揮できます。「人の3倍」なら1・73倍の約12時間、「人の4倍」なら2倍の14時間、「人の5倍」なら2・24倍の約15時間半になります。

私の感覚では、「人の3倍」働けば業界内で勝てる（それなりに仕事ができる）、「人の4倍」で圧勝できる、「人の5倍」で突き抜けた存在になれるというイメージです。

サイバーエージェントの藤田晋《すすむ》社長は、若いころは週に110時間働いていたといいます。つまり24時間×7日＝168時間から、睡眠が1日6時間として7日分の42時間を除いた１２４時間のうち、14時間（１日2時間）を食べたり、入浴したりする時間にあてて、残り１１０時間を仕事に費やしていたということになります。

週に１１０時間も働いたということは、月では４４０時間も働いていることになります。そうすると、先ほどの計算を当てはめれば、月に１４０時間働いている人でいえば10人分くらい働いている計算になります。すると、他の人の１年間が10年分になります。だから、３年経てば30年以上働いたのと同じ経験を得ることができたと言えます。

そうやって、どんどん仕事を詰め込んでいけば、その分だけ成長が早まるのです。

「人の2倍働く」
→ $\sqrt{2}$＝約1.41倍
→ 7時間×1.41＝10
約10時間働けばいい

「人の3倍働く」
→ $\sqrt{3}$＝1.73倍
→ 7時間×1.73＝12
約12時間働けばいい

「人の4倍働く」
→ $\sqrt{4}$＝2倍
→ 7時間×2＝14
約14時間働けばいい

「人の5倍働く」
→ $\sqrt{5}$＝2.24倍
→ 7時間×2.24＝15.5
約15時間半働けばいい

働く時間を増やしたことに対する成果は、「√」で考えるとよい

目標設定

伸びない人は目標を難しく考える。
伸びる人は目標を素直に考える。

私のように1年目からアグレッシブに、あるときは生意気に仕事をしていると、「志が高い」と言われたりもしますが、そうでない人が大半だとは思います。仕事に対する志というよりも、「食べていくためには働かなければ」とか「大学の同級生がみんな働きだすから自分も」といったことがほとんどでしょう。

でも、もし志が高くなくても、何かのスイッチが入って、俄然、意欲的に働きだすようになる人もいます。

最も簡単なスイッチは、人生でやりたいことをリストアップすることです。

多くの企業で入社式が行われる4月1日に、これからの人生でやりたいことを書き出してほしいと思います。たとえば、「高級外車に乗りたい」でもいいし、「トップアイドルと付き合いたい」とか、「50歳で早期退職したい」とか、何でもかまいません。お金がかかるとか、自分にはできそうもないとか、そういう固定観念や先入観を一切排除して、思いつくだけ書いていきます。

誰にも見せなくていいのですから、「こんなこと書いて恥ずかしい」と思う必要もありません。とにかく、「なりたい自分」「したいこと」をすべて書き出していくのです。

それが100項目あるとします。この100項目が目標となり、あなたの人生を導いてくれる道しるべとなります。

こうして目標が決まれば、現実とのギャップを埋めるためには何をすればいいか、考える素材を得たということになります。素材がなければ考えることはできません。なりたい自分、やりたいことがわかっていなければ、何をどうしていいか考えることさえできません。考える素材を得るためですから、目標は多ければ多いほどいいし、その実現可能性の高低も考える必要はないのです。

目標が見えたら、現実とのギャップを埋めるための「やるべきこと」が見えてきます。「30歳までに1000万円を貯めたい」のであれば、いま貯金が10万円だとすると、いまから約8年後までに990万円を稼ぐ必要があるのだな、ということがわかります。

20歳を超えた大人になると、未経験からプロ野球選手になりたいというような、ほぼ実現可能性がないような目標は思いつかなくなっていきます。自然と少しでも実現可能性のありそうな目標を思いつくはずです。

「トップアイドルと付き合いたい」というのでさえ、可能性はあるはずです。現在の自分だから無理だと思うのであって、未来はどうなるか誰にもわかりません。仕事で経験を積み、独立して会社を経営し、年収が1億円になったらどうでしょう。トップアイドルでも振り向いてくれるかもしれません。

もちろん、そのトップアイドルがお金で振り向いてくれるかどうかはわかりませんが、どんな人が好みなのかわからないからには、自分を磨くしかありません。

自分を磨くには、とにかく仕事で結果を出すことです。その過程で自分が魅力的な人間に成長していくはずです。

このように、目標があれば、今日から何をすればいいか、考えることができます。目標がなければ、今日という日はただ流れていきます。目標を持った人の1日と持たない人の1日でつく差は歴然です。これが1年365日積み重なっていくと、大変な差になるでしょう。

目標といっても、高尚なものである必要はありませんし、大げさなものでなくてもかまいません。本当に、「ヴィトンのバッグがほしい」とか、「休みがほしい」とか、何でもいいのです。

ひとつ、必ずやってほしいのは、その目標を達成するまでの期間を区切ることです。「いついつまでに」ということを必ずセットにして書くことです。

たとえば、「いつかは結婚したい」ではなく、「28歳までに結婚したい」という目標があるとすれば、22歳からの6年間の間に何をすればいいか、考えるようになります。結婚するために年収を何割増し・何倍にするか、1年に何キロずつ痩せなきゃと考えるかもしれません。期間を区切らないと、今日やるべきことが見えてこないのです。

私は大学3、4年生のときに、社会人になってからやりたいことを手帳に書いていました。たとえば、大学4年生だった2009年の目標を見返すと、「年に2回は南国に遊びに行く」と書いてあったりします。ほかにも「ソウルに行く」「九州に行く」「〇〇さんと付き合う」などと書いてあります。

こんなものを実際に自分の手を動かして書いて、達成できたら赤ペンを使って二重線で消していくのです。

社会人1年目の2010年には、次のようなことを書いていきました。

「営業成績が会社でナンバーワンになる」
「3年目で同期の中で、圧倒的に仕事で突き抜ける」
「セミナー講師になる」
「本を書く」

このように、叶えたいものをたくさん書くのです。

数年前に「横浜を再生する」という目標を書きました。そして、それを実現するために、新横浜駅前に「新横濱あじわい横丁」を開業。かなり賑わっていて、近いうちにお寿司屋さんも開業する予定です。そのお店は、本格的なお寿司をリーズナブルな価格に設定することで、若い人にも来てもらえるようにしたいと考えています。横浜の再開発は私一人の力では難しいですが、人が住みたくなる、魅力的な街づくりは必要不可欠だと思います。今後もいろいろと仕掛けていく予定です。やはり、目標を書けば、物事が動き始めるのです。

最初から精神面の充足を目指そうとする人はあまりおらず、はじめはだいたい物欲とか食欲、性欲といった即物的なほうの充足を得ようとします。

これは前著『年収1000万円の人が、5年で現金3000万円をつくる方法』でも述べたのですが、人間の欲求には段階があって、最初は生命維持のための欲求を満たそうとするためです。それが満たされて初めて、社会貢献といったより高次の欲求を満たそうという心理が働きます。

私も含め、若い世代はもともと豊かな社会に生まれ育っているので、生存欲求が満たされている人は多いのだと思います。そのため、中には最初から社会貢献のような高次の目標を持ってしまい、埋められないギャップに苦しんでいる人もいます。

ただ、多くのギャップは成長する中で埋められるようになっていくものです。たとえば「フェラーリに乗りたい」と言っても、たいてい「現実をわかっているのか」と言われてしまいます。そこで「そうか……」とあきらめてしまうのは、思考が停止しているだけです。思考停止して「無理だ」と言ってくる人に影響されて、自らの可能性を消してしまっているのです。

そうではなく、**すべてできるものだと思って、その上でいま何をするかと考えていく**のです。それを書いたものを、10年後、20年後に見返してみると、「あのときこんなことを考えていたな」と思うこともあるでしょう。

ただ、私の場合、よくよく読んでみると、いまとあまり思考は変わっていないなと思います。「三つ子の魂百まで」とはよく言ったもので、小さいころに考えていたことは、基本的に変わりません。逆に言えば、考え方のベースはすでに幼いころにできてくるということなのだと思います。

物欲があったら物欲、食欲だったら食欲というふうに、素直に追い求めていく。それが最も簡単な仕事のエネルギー源となります。

達成への意識

伸びない人は勢いだけで仕事している。
伸びる人は目標を常に意識している。

新人のころはとにかく目の前の仕事で精一杯になりがちです。でも、伸びる人は新人のころからきちんと先のことを見据えて仕事をしています。

目の前を見ているだけで、俯瞰する力がないと、27、28歳になってもまだ周りが見えないままです。早い人ならば新卒3年目ぐらいでも俯瞰することができるようになっていきます。さらに差をつけようとするなら、1年目から俯瞰することを意識してみることです。

常に1カ月先、3カ月先、半年先、1年先、3年先……というふうに未来を見通す癖をつけることが重要です。

そのために必要なことは、「**目標を常に意識すること**」です。

人間は忘れていく動物ですから、夢や目標もどんどん忘れていってしまいます。覚えておきたいことは、目に見える形に落とし込んでいくことによって、自分で毎日意識できるようになってくるのです。

人間の記憶は24時間経つとだいぶ失われていることが脳科学の研究でわかってきています。だから、そうならないようにするために、手帳などに書き込み、毎日見返すことが大切です。

手帳は、日々の予定や忘れてはいけないことをメモする「備忘録」程度にしか使っていない人がほとんどでしょう。でも私の場合は、手帳には日々の予定やすべきことに加えて、夢や目標など、自分の頭に浮かんだことはすべて書くようにしています（手帳の使い方については、次項でより詳しくお話しします）。

私の場合、大学生のときに手帳に書いていた目標の中に、「30歳のときには年商10億円にする」というのがありました。このときの「年商10億円」という目標は、実際に30歳のときに達成することができました。

「目標はあるけど、見える形にしてはいない」とか「目標はあって書き出してもいるけど、具体的に何をやるかまで意識できていない」という人が多いのではないでしょうか。

目標を達成するためには、「やるべきことまで書く」ことが大切です。

これまで私が手帳に書いてきたものを見返すと、「土地を仕入れる」とか「マンション一棟購入する」とあります。自分で「これをやるぞ」という決意表明のようなものを、具体的に書いているのです。

これらも踏まえて、目標を書くときに重要なことは、次の3つです。

①やるべきことは具体的に書くこと
②目標が数字にできるものは数字で書くこと
③期限を決めること

①については、やるべきことは具体的に書かなければ、結局、何をやっていいかわからず、何もしないまま時間だけが過ぎていきます。やるべきことがわかっていれば、それをやっていけばいいだけですから、その都度、迷うこともありません。

②については、数字にできるものは数字で表現します。「○○をがんばる」だけでは、どれくらいやればいいのか、やった結果、どれだけ達成できたかもわかりにくくなります。数字で表現されていれば、目標は明確ですし、何割くらい達成できたかの達成度合いも見えやすいので、結果的に達成感を得やすくなります。

最後の③については、言わずもがなでしょう。期限のない目標は絵空事になってしまいます。夢や目標には必ず期限を設けること。そうでなければ、いつまでに何をやればいいかわかりません。それがわからなければ、日々を無為に過ごしてしまいます。

この3つの要素がそろっていれば、あとは日々を精力的に過ごしていくだけです。

手帳の使い方

伸びない人は手帳をスケジュール管理のために使う。
伸びる人は手帳を夢と目標を書きとめるために使う。

夢や目標は、いつも見るところに書いておかなければ意味がありません。

私は22歳のときに、「30歳でみなとみらいのマンションに住む」「40歳のときにオーシャンビューの別荘を買う」と自分の手帳に書きました。

まずは雑誌で「こんなところに住みたい」と思った写真を切り抜き、ノートに貼り付けておきました。そして同じ年にみなとみらいのマンションを見学したときに撮った写真を、同じくノートに貼り付けておきました。これは29歳で実現できました。

「オーシャンビューの別荘」については、雑誌から鎌倉のオーシャンビューの別荘の写真を切り抜き、ノートに貼り付けておきました。実際に目で見て、いつも意識できるように写真を貼っておくのです。これは2018年に江ノ島の近くに別荘を持つことで実現しました。当時は40歳と想定していた目標を、33歳で達成したことになります。

こうすることによって、予定よりも何年も早く達成できたと言えます。夢は漠然としたものでなく、やはり具体的なもののほどいいのです。

ソフトバンクの孫正義さんの場合は、手帳にスケジュールだけでなく、そのイシュー（課題）リストもすべて書いていたといいます。

ワタミの渡邉美樹さんが書いた『夢に日付を！ 夢実現の手帳術』（あさ出版）、GMOインターネットグループ創業者の熊谷正寿《まさとし》さんが書いた『一冊の手帳で夢は必ずかなう なりたい自分になるシンプルな方法』（かんき出版）でも、同じようなことが書かれています。やはり大きな目標を達成する人は、夢を具体的な目標にして、それを手帳に書くことで、その目標に向かって日々を過ごしていることがわかります。

私のノートには、いまでも夢や目標が100個ぐらい書かれていて、その年の目標は大体50〜60個ぐらい書いています。ノートに1年の目標を書き込んで、できなければ翌年のノートに転記していきます。また書くときにあらためて意識づけになるからです。

夢とはスケールが大きくてすぐには実現しないようなもの、目標はがんばればすぐにも実現しそうなものと考えますが、**夢は夢のままにしておかないで、夢から目標に落とし込んでいきます**。たとえば、売上高100億円を達成したいという夢があったとすると、目標として今年は30億円、来年は50億円、2年後は70億円というふうに、段階を設けて分解していくのです。

そして、さらにもう少し細かくしたイシューリストという形にして書き出していきます。そのイシューリストから、具体的なスケジュールのところにToDoリストとして当てはめていく。そのことで、そのイシューが具体的な日々のやるべきことになります。夢や目標、イシューリスト、日々のToDoリストという具合に、だんだんやるべきことが分解されて、細かく具体的になっていくイメージです。

ただ高い目標を掲げていても、「そこへ至るまでの道程」がイメージできなければ、達成できるという感覚になりません。今日やるべきことのToDoになって初めて、目標に至るまでのイメージが鮮明になるのです。

自己対話

伸びない人は流されるままにやる。
伸びる人は折々で自分と対話しながら努力する。

自分の目標を定めるときや達成具合を点検するときにお勧めしたいのが「内観」です。内観とは、奥深い自分の世界に入り、自己と対話して、自分を見つめ直す行為です。

ビジネスホテルの東横インでは、部屋に内観について書いた本が置いてありました。同社では、社員研修でも内観が行われるそうで、箱根など全国にこの内観研修のための施設があります。そこで1週間まったく部外者と会わず、連絡も取らずに、ずっと小さな部屋で自分の心と対話します。この研修は外部向けにも提供しているそうです。

私自身も月に1回、沖縄などに行くときには、時間を取って内観をしています。また、毎日だいたい夜に30分は時間を取って、「自分と向き合う時間」をつくっています。その時間では、どうやって事業を拡大していこうか、今度はどんな新規事業をやろうかということを、自分自身と対話しています。

また、自分と対話する中で1日の行動を振り返ってみたりもします。そのときに、手帳をペラペラとめくって見るのです。夢や目標、イシューリスト、ＴｏＤｏをそこで目にすることで、潜在意識の中に刷り込んでいくのです。

そのようにして眠りにつくと、潜在意識が勝手に動いてくれて、課題を整理してくれます。人間の脳の中にあるものの中で意識できるものは1％に満たないといわれていて、それ以外の99％以上は潜在意識なのです。潜在意識の中で常に考えているから、目標に近づいていけるのです。

たとえば、本を書くと目標を決めたら、手帳に書いておきます。毎日、自分と対話する中で、数秒でもそれを目にすると、何を書くべきか自然と考えるようになります。すると、日常のふとした瞬間に「これは本のネタに使えるな！」とひらめきます。自然にネタを取ってこようという行動をするようにもなります。

経営者は特に内観が重要です。トップになると、次第に直言をしてくれる人がいなくなりますから、自分で「これでいいのか？」と、常に問いかけていかねばならなくなるのです。

実はこれは社会人1年目でも同じです。毎日する必要はなくても、**週に1回は自分自身と対話をしたほうがいい**と思います。

たとえば、日曜日の朝8時に喫茶店にでも行って、誰にも邪魔されずにゆっくりと自分と向き合える内観の時間をつくるといいでしょう。

そこでは、本当に自分が求めているものは何かということを見つめ直します。そして、求めているものに対して逆算したり、進捗について考えたりする。それを定期的に行うことで、目標を期限までに達成できるようになります。

定期的に自分を見つめ直していれば、途中で「この調子だと到底不可能だ」ということにも気づけます。そうなると、やり方を変えなければならなかったり、進捗を早めるようスケジュールを見直したりする必要が出てきます。また、無理な目標設定になっていないかといったことにも気づくことができるのです。

仮説

伸びない人は仕事に急いでとりかかる。
伸びる人は仮説を立ててからとりかかる。

入社してから3年はとにかく言われたことをやりなさいとはいっても、単にがむしゃらにやればいいというものではありません。頭を使ってやれば、そのぶん効率的に成長を早めていくことができます。

頭を使うには、たとえば「この仕事で上司は何を求めているのか」とか、「納期までの時間をどうやって配分して使うか」とか、仮説として想像してからスタートしてみるといったことが必要です。

伸びない人はただ単にがむしゃらに動いているだけの人が多いのです。伸びる人は、仮説を立ててから取りかかり、考えながら動きます。ただ動くのと、考えながら動く。この違いははっきり出てきます。

何もわからない状態では、仮説の立てようもないので、本当の最初は言われたとおりにやってみるしかないと思いますが、それに慣れてきたら、仮説を立ててやってみることです。

「上司が求めているものは何か」を知るためには、上司の立場に立って考えてみることです。上司には上司の目標があり、そのために部下を動かそうと考えています。

スポーツでも同じですよね。私が大学までプレーした野球でも、監督が考えていることを常に想像してプレーしていました。監督だったらこう考えるだろう、監督ならこんなサインを出すだろう、そういうことを考えることで、自分のプレーの幅が広がります。そうして監督の駒にならず、選手が自分たちで考えているチームほど強くなります。

まず目標を見据えた上で、そこに至る道すじを、仮説として想定しておきましょう。そうすれば、想定外のことが起こったときでも冷静に対処できます。なぜなら想定外のことも、想定をしておけば、そこからそれほど離れたものにはならないからです。

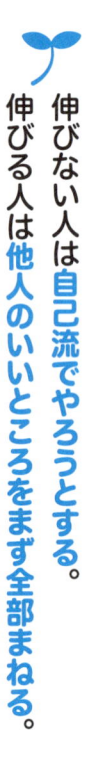

目標とする人

伸びない人は自己流でやろうとする。
伸びる人は他人のいいところをまず全部まねる。

どんな職場でも、その職場で認められて、実績も残している人が必ず何人かはいるはずです。その人がなぜ認められ、地位を与えられているのかには必ず理由があります。実績はもちろんですが、人格もあるはずです。どんな人が認められて地位を得ていくか、職場ごとに癖のようなものがありますから、自分の職場で認められようとするなら、その職場ですでに認められている上司や先輩のマネをするのが一番の近道だと言えます。

「あんな上司や先輩のマネをするのは、気に食わない」とか、そんなことを言っている場合ではありません。その上司や先輩が好きとか嫌いに関係なく、自分の職場で認められている人は、素直にマネするべきなのです。

別にその上司や先輩が嫌いでもいいのです。すべての人を好きになれるはずがないのですから。でも、**上司や先輩が職場で認められ、地位を与えられていることは素直に認めましょう。そして、彼らのいいところはマネするべきと自分に言い聞かせる**のです。

もともと「学ぶ」は「まねぶ」からきているといわれています。つまり、マネをすることが学ぶことなのです。

トップ営業マンになりたいなら、騙されたと思って、実際のトップ営業マンのしぐさや口ぐせに至るまで何だってマネることです。

何でも自己流というのは効率が悪いものです。

学校の勉強だって、数学の公式を導き出そうとすると難解な数式をいくつも考えださねばなりません。しかし、すでに過去の数学者たちが導き出した公式を使ったほうが、より難解な数式にチャレンジできます。

人間はそのようにして、過去の偉人たちの功績を効率的に学ぶことによって、どんどんレベルアップし、それによって科学技術が発展してきました。

職人の世界でもそうです。いまは『鬼滅の刃』が幅広い層から人気がありますが、作中に刀が出てくるからといって、刀鍛冶を独学で始める人はいないでしょう。必ず刀鍛冶の師匠に弟子入りして、代々受け継がれてきた技術をまずは習得します。

その上で、自分なりの「自己流」を見出し、新しい伝統を形作っていくことで刀剣は美術品となり、高値で取引されるようになるのです。

このことを「守破離《しゅはり》」と呼びます。基本技術がしっかりと身についた上でなら、独自のやり方で師匠のやり方を「破」り、最後は師匠からも「離」れて、独自の世界をつくっていく。しかし、**その前には基本を忠実に「守」っていく段階が必要**です。つまり、師匠のマネをして基本を身につける段階です。

ビジネスでもまったく同じで、その職場で結果を出している上司・先輩を師匠として、マネていく。自己流を見出していくのはそのあとです。

もしどうしてもマネするべき上司・先輩がいないというのであれば、ビジネス書や自己啓発書でもいいでしょう（本については第4章で詳述します）。

私の住友不動産時代がそうでした。どうしてもそんな存在がいなかったので、ビジネス書にその存在を探しました。

最も心に響いたのは、稲盛和夫さんの『生き方』（サンマーク出版）です。

これを読んだのは、私が大学4年生のときでした。将来的には経営者になりたいという目標があったので、京セラやＫＤＤＩを一代で大企業に育て上げた稲盛さんの著書は読んでおかなければならないと思ったからです。


マネをすることは、決してカッコ悪いことではありません。

マネをして、成果が出たら自分のオリジナリティーに持っていけばいいわけです。まず基礎的なところは型にはめればできあがります。

ある一定期間は、完全コピーするぐらいの気持ちで、すべてをマネていきましょう。

そして、マネをするターゲットに実績が追いついたら、別のさらに上のステージにいる人にターゲットを変えて、またマネをしていきます。ステージが上がっていくにつれて、目標とする人を変えていくことで、自分の実力はどんどん高まっていきます。

視点

伸びない人は新入社員の視点しか持っていない。
伸びる人は目標とする人の視点で考える。

仕事で成長するために、どの「視点」で考えるのかが重要です。

「新入社員の視点」しかなければ、ずっと新入社員の思考のままです。逆に「部長の視点」で考えようと努力するうちに、部長と同じ思考ができるようになるのです。

新入社員の視点ではなく、多角的な視点を持つことで、仕事のやり方も変化します。

たとえば、おべっかを使って上司の指示通りに動くだけでは成長はありません。いまのままの思考レベルに留まってしまうからです。上司を超え、更なる発展を目指すには、新しい視点で考え、行動する必要があります。

私の目標は、入社時点で自分の会社を経営することでした。ですから、新入社員のように「先輩はどう考えているか」ではなく、「社長ならこの状況でどう判断するのか、何を思うのか」を常に考えていました。

生意気にも「上司の指示だから」という理由だけで動く先輩から、学ぶことはないと感じていました。役員にも、社長の真意を理解している人はいないように見えました。だから私は社長を見習いたくて、その判断の理由を役員に質問していました。「私はこう思うのですが、社長はどうしてこのような判断を?」と尋ねると、生意気だと叱られることもありましたが、私はそれを自分のキャラとして貫き通しました。

仕事でもその態度を貫き、「なぜこれをやらなければならないのですか?」と常に質問していました。もしサラリーマンを続けていたら、出世とは無縁の、ただの生意気な社員で終わっていたと思います。

ただ、私は社長を目指していたのですが、全員が社長を目指す必要はありません。**目標とする人物は人それぞれで良いのです。**もし憧れの人が身近な存在で、話せる機会があるなら、質問攻めにする。「なぜそのような判断をしたのか」「どうしてそのような行動をとったのか」など、疑問に思ったことは何でも聞いてみましょう。

もし、目標とする人物像がまだ定まっていないとしたら、少しでも「かっこいいな、素敵だな」と思える、憧れの対象を見つけましょう。その人の話し方から人生観まで、あらゆる面を真似てみるのはいい訓練になると思います。仕事に限らず、プライベートな部分も参考にすることで、やがてはその人を超える存在へと成長できるはずです。まずは模倣を通して、自分のオリジナリティーを発揮することを目指しましょう。

私も目標とする人に会ったときは常に質問して学んでいます。たとえば、経営者になって数年経った32歳の頃の話です。当時、会社の利益が2億円という壁を超えられずに悩んでいました。その時、約100億の利益を上げている、とあるパソコン会社の社長と会食があり、「どうすれば2億の壁を超えられるのか」と質問しました。

すると、その社長は「もっと自分で考えてみないと。悩んで悩んで、どうしたらいいかもっと考えてみないといけないよ」と答えたのです。私は、マーケティングの方法や営業人員の最適な人数など、具体的なアドバイスを期待していたのでがっかりしました。むしろ「教えてくれないのか」と不満に思っていたくらいです。

しかし、いまになって振り返ると、なぜその社長がそう答えたのかがわかります。

まずは自分で悩み、考え抜くことが重要だったんです。

2億の壁に悩んでいた当時の私は、まだ考えが足りなかった。だからこそ「徹底的に考えれば、自ずと解決策は見つかる」と教えてくれたのです。その時にはわからなくても時間が経って理解できるような答えもあるのです。

いま、一番質問しているのは、私の会社が傘下として入っている三光ソフランホールディングス株式会社の高橋誠一会長です。高橋会長の視点に立って考えつつも、常に「会長、何故そのような判断を?」と疑問を投げかけているので、煙たがられているかもしれません。同時に「私ならこう考えます」と提案も常に言うようにしています。

会長がなぜその判断をしたのかを学びつつ、時には会長の誤りを指摘することもあります。企業は社長の成長以上に伸びることはありません。社長が学習を止めれば、企業の成長も止まります。だからこそ、会長に会った時には聞き続けているのです。

ぜひ若手社員こそ、目標とする人に「なぜそのような判断をするのか」「なぜこのような結果になるのか」と積極的に質問して欲しいと思います。

学生時代の目標

伸びない人は学生時代から「快楽」だけに身を任せている。
伸びる人は学生時代から「ＴｏＤｏ」を意識している。

目標に向かってみんなが道を歩んでいきます。そこには、苦しみながらも歩き続ける道と、逃げる道が出てきます。そして苦しい道を選ぶか、逃げる道を選ぶかで人生が変わってきます。

仮に苦しい道を選んだとしましょう。道を選んだときには、苦しい道のように見えていても、山を登り、崖をすり抜け、谷を下っていくうちに、また新たな道が開けていきます。そこは気づけば楽しい道になっているということはよくあります。

けれども、逃げる道を選ぶと、その先にもまた苦しい道と逃げる道が見えてきます。

苦しい道を選んで進んだ人は、その先で楽しいこともあることがわかるので、次は苦しい道を選ぶことができます。それどころか、苦しい道が楽しい道にも見えるようになっていくのです。

しかし、逃げる道を選んだ人は、次の分岐点に来ても苦しい道と逃げる道にしか見えません。その次の分岐点に差しかかってもまた苦しい道と逃げる道しかありません。

このように、**苦しい道から逃げていると、いつまでも道は苦しい道と逃げる道にしか見えません**。まったくおもしろくない人生です。

目標からもどんどん逸《そ》れていきます。「あれ、自分はこんなところにいるはずじゃなかった」と気づいたときには、もう人生が終盤に差しかかっている、ということになるはずです。

苦しい道の先には楽しい道があることを一度でも知ることができたら、「いまは苦しいけれども、その先で道が開けることがあるかも」と思うことができます。

しかし、それを一度も経験しない人は常に逃げる道を選択するので、どんどん選択肢が狭まっていくのです。

一度は逃げる道を選んだっていいのです。でも、いつまでも逃げっぱなしではいけない。どこかで苦しさに立ち向かっていかなければなりません。それでこそ人生の選択肢が広がります。

苦しい記憶というのも、そんなに長続きしません。だから、過去の苦しい思い出も忘れてまたがんばれるのです。人間はよくできています。

「苦しい」とか「嫌だな」から「おもしろい」に転換していくかもしれません。それを一度、経験してみること。だまされたと思って、チャレンジしてみてほしいと思います。

苦しく、しんどい仕事をするときには、よりToDoを小さくするのがコツです。

たとえば、飛び込み営業を「週に300件やる」という目標があったとします。300件と考えると、途方もない数字に思えるので、1日に60件と考えるのです。さらに、午前に25件、午後に35件というふうにすれば、不可能ではないと思えてきます。

さらに、1時間に6件と考えれば、10分に1件でいいわけです。そうすると、できそうな気がしてきます。

目標が大きくて気が滅入るときには、分解してToDoを小さくし、目の前のやるべきことに集中します。すると、「気づいたときには週に300件できていた」となるのです。

小さくしたToDoリストは、できたときには赤い線を上から引いて消していきます。すると、あとで何をやったかわかるので、「自分はこれだけやった」と再確認することができます。

ToDoリストはあとで見返すと、自分がどれだけ仕事をしているかわかります。リストが少なければ、反省する材料にもなります。

私の場合、「ワタナベさんにできる旨を連絡」「タナカさんに電話」とか、「○○の仕様書作成」「××の請求書」など、本当に細々としたことをいまでもいちいち書いています。

「契約を取ってくる」みたいな漠然とした大きな目標だと、「うわ、大変だ」という思いがすぐに頭に浮かぶのですが、「この人について調べる」や「あのことについて確認する」などならすぐできそうに思えます。

私は、学生時代には恋愛版のToDoリストもつくっていました。

「同じ授業を取っている気になるあの子に何年生か聞く」「挨拶する」「ノートを借りる」「テスト難しいねとか話してみる」など。そうやってみると、うまくいくことも、いかないこともありましたが、ただ闇雲に接しているだけより効率はいいというのが私の実感です。

かくいう私もToDoリストを手帳に書き始めたのは、大学3年生になって就職や将来などの今後を見据えてからでした。きっかけになったのは、前述した渡邉美樹さんの『夢に日付を！　夢実現の手帳術』を読んでからです。

将来どんな仕事をしたいのか、そのためにいますべきことは何なのか。本を読んで学び、方法論も人のマネをしながら見つけていきました。よいと思ったものは、素直にマネして取り入れてみることです。

継続力

伸びない人は**目標を立てて満足する。**
伸びる人は**自分の目標を毎日確認する。**

ここまで、目標設定について述べてきました。しかし、目標を達成できずになんとなく諦めてしまったという人も少なくないと思います。ここでは、継続するコツについてお話ししていきます。

私の場合、毎年のお正月に年間目標を立て、3カ月ごとに進捗を振り返っています。

高い目標を設定すると計画倒れになることもありますが、**継続のコツは目標を毎日確認すること。**大谷翔平選手も目標を紙に書き出して可視化していたことは有名です。漠然と頭の中にあるだけでは効果が薄いため、手帳に書き出して毎日確認するようにしています。この地道な作業が目標達成の鍵と言えるでしょう。

2024年の目標は、ノートに35個まで書き出し、達成した項目はチェックをしてほぼ毎日確認していました。優先順位の低い目標はペースを落とす一方、期限が迫っている目標はペースアップを図るなど、仕事もプライベートの目標も柔軟に対応するようにしています。


若手社員の頃と比べると、目標自体も変化しています。心理学理論のひとつ、「マズローの欲求5段階説」を知っていますか？

アメリカの心理学者アブラハム・マズローが発表した説で、基本的に人の欲求は5つの階層で構成されているとしています。下から「生理的欲求」「安全欲求」「社会的欲求」「承認欲求」「自己実現欲求」の5つです。

私も若手のころは、お金や車といった物質的欲求から始まりました。20代の頃はベンツを最初に購入し、その後フェラーリを手に入れました。また21歳の時に「鎌倉か湘南か江ノ島に40歳までに別荘を持つ」と目標を掲げ、33歳で実現しました。振り返って考えると、マズローの欲求段階説でいう下層で満足していたわけです。

実は、自己実現の欲求の上に「自己超越欲求」が存在するといわれています。諸説ありますが、マズローは最上位欲求「自己実現欲求」のその上の段階を提示していたのです。

私は「社会をより良いものにしたい」「見返りを求めず、目的の達成や使命に向けて貢献したい」という想いがあります。現在の目標は、会社を辞めたら地産地消の生活をすることです。米や野菜を全て自分で育てて食べたい。広い土地を購入する必要があり、資金も必要ですが、実現に向けて努力していきたいと思っています。ただ、最初からこの目標を掲げていたわけではありません。達成すると、新しい目標が生まれてくるのです。この積み重ねも「継続」だと考えています。

新入社員の頃は、自分が正直に欲しいものを目標にしましょう。「欲しい」という気持ちこそ、目標達成への原動力です。、目標を積み重ねているのも「継続」。素直な気持ちで目標を立て、行動していきましょう。

人生の目標

伸びない人は「こんな人生を送りたい」と夢想するだけ。
伸びる人は「こんな人生を送りたい」からいまを重視する。

本章では主に仕事上での目標を設定することの大切さについて述べてきました。ここでは、人生の目標を定めることの大切さについても述べたいと思います。

人生の目標とは、「40歳・50歳・60歳でどうなっていたいか」というものです。どこでどんな風に暮らしていて、結婚しているのかいないのか、子どもがいるのかいないのか、周囲にどんな人がいて、毎日何をやって生きているのか、ということです。

自分で定めたゴールは完璧な正解ではないでしょう。仕事をしていく中でどんどん変わっていってよく、現時点でとりあえずのゴールを設定することが大事なのです。

50歳とか60歳の自分をすぐイメージできる人はいいのですが、多くの人はそんな先のことまで想像がつかないかもしれません。そうしたときは、前述したように、まずは30歳の時点の自分を思い浮かべてみます。それまでの10年前後の時間をどのように過ごすかで、その後の人生が大きく変わります。

というのは、多くの人は20代後半から30代にかけて、結婚や子どものこと、住まいを手に入れるかどうかなどのライフイベントが多く発生するからです。

それまでは1人でがむしゃらに、自分の思ったような人生を生きることができるはずです。ですから、自由のきく30歳までは、もう本当に仕事に没頭してほしいのです。

何度も言いますが、20代のうちは急激に伸びる、二度とない機会です。だからこそ、目標を高く持つことです。

わが社は、創業してから5年間は毎年、売上が前年比200%で成長していきました。売上2倍を毎年の目標に掲げて自分にプレッシャーをかけていました。しかし、6年目からは1・2倍にしました。売上が何十億円という段階になって2倍を目指そうとすると、どこかでひずみ、無理が生じてくるからです。

しかし、何でもやりはじめは急激に成長できるものです。

マラソンでも初マラソンのタイムが6時間だった人が、次のマラソンで5時間を切ることはよくあります。しかし、3時間半で走れるようになった人が、次に2時間半で走れるようになるには、並大抵ではない努力が必要です。

ゴルフでもそうです。最初は150くらいをたたくのが普通ですが、すぐに100くらいまでスコアが伸びていきます。しかし、そこからの成長は鈍くなっていくものです。

ダイエットだってそうですよね。100キロだった人が10キロ落とすのは簡単です。でも、70キロの人が10キロ落とすのは大変なことです。

それと同じで、若い時期というのはどんどん成長し、それを実感できるので、最も楽しい時期でもあるのです。楽しいからどんどんやるので、また成長します。すると、仕事は楽しいものだという感覚を得ることができます。これは30代になってからはなかなか得られないものなのです。

20代は自分が思っている以上に成長していきます。だから、「自分はこんなものだ」と思わずに、人生の目標もなるべく高く設定することです。

目標とお金

伸びない人はお金稼ぎは二の次だと考える。
伸びる人はお金を貯めてから夢や目標を実現する。

仕事の目標にしろ、人生の目標にしろ、ひとつ注意しておかなければならないのは、お金に対する考え方です。

「1億円の資産を持ちたい」というのは、私はとてもいい目標だと思います。ところが、そう言うと多くの日本人は、あまりいい顔をしないでしょう。

日本人には、お金を稼ぐことは不浄だという考え方があります。

たとえば、神社に行くと、「浄財」と書かれた賽銭箱がありますよね。浄財とは、けがれのない（＝浄）富（＝財）という意味で、見返りを求めず差し出されるお金のことをいいます。お金を差し出すことによって見返りが何もない、つまり寄付ですよという意味です。裏返せば、見返りを求めるお金は「けがれ」だということなのです。

そこから派生して、お金のことをいうのはいやらしいとか、みっともないとか、はしたないという独特の感覚があります。ですから、単にお金を稼ぐ、資産を増やすというのを目標にしにくい面はあります。

しかし、何かお金を使ってやりたいことがないのであれば、ともかくお金を貯めておいたほうがいいでしょう。

人生100年という時代になったのですから、60歳からでもまだ30年、40年という時間があるわけです。すると、60歳になってからやりたいことが出てくるかもしれません。自分で会社を興したいと夢を描くようになるかもしれません。そのときにお金は絶対にあったほうがいいでしょう。**やりたいことがあるのに、お金がないためにあきらめなければならない人生は、寂しい人生ではないでしょうか**。

もし本当にやりたいことがないのなら、「資産を○○万円つくる」というのでまったくかまいません。周囲の誰かが何か言っても気にしないことです。また、単に「お金持ちになりたい」ではなくて、これも具体的に「〇〇万円」「〇〇億円」と書くべきです。

お金持ちといっても、人によって感覚はそれぞれです。「100万円持っていればお金持ちだ」と思える人もいれば、「1000万円しかないから貧乏だ」と思う人もいるのが、実際の世の中の姿です。自分が思うお金持ちとは、どれだけの金融資産をもっていることなのかを定義しないと、目指す地点がわかりません。

そして、いつまでに貯めるのかについても、とりあえずでいいので、必ず明確な日付を書くようにします。

生理的な欲求が満たされていくと、欲求はどんどんより高次のものになっていきます。社会人の1年目から、「アフリカに学校を建てたい」と思うような人はそうそういないはずですし、そうした欲求を持ったことで現実とのギャップに苦しむ人もいます。

敏腕経営者が成功体験を書いたビジネス書の中では、現時点、あるいは将来の目標として、「アフリカに学校を建てる」的な社会貢献の夢を語っている人はよくいますが、そういう人でも最初は、「金持ちになりたい！」「高級外車に乗りたい！」「豪邸に住みたい！」といったことからスタートした人が多いはずなのです。

そうやってがんばってお金を貯め、いろいろなものを買って物欲が満たされてから、より高い目標を持つようになるものです。経営者の成功体験をまとめた本の中では、多くの場合、なるべくきれいなストーリーになるように、また、好感度が上がるように、即物的な欲求には触れられていないのですが、実際はそういうものなのです。

だから、人間はまず即物的なものを求める動物なのであって、それはまったく恥ずべきことではないという認識に立ち、まずは素直な目標を書いてみたらいいと思います。

第3章

「人間関係」って何だ？

人の一生はすべて「営業」である

「仕事の内容」よりも、「上司や同僚とソリが合わない」ということで仕事がおもしろくなくなっている人は多いのではないでしょうか。

実際、転職や退職の理由で多くを占めているのが「人間関係」です。どのアンケートや調査でも、1番目が「収入や待遇」で、2番目に「職場の人間関係」という理由が多くなっています。収入はともかく、職場の人間関係を良好なものにすれば、3年以内に辞めずに済むはずです。

人間関係において最も重要なことは、お互いを理解し合うことです。そのためには、まずは自分という人間をよく知ってもらうことがスタートになります。

その意味で私は、「人はみな、生まれながらに営業マンである」と思っています。なぜか？　よく「自分は営業に向いていないと思います」と口にする若手がいますが、本来、生きていく上で営業と関係ない人などいないからです。

たとえば、ほとんどの人は、就職活動や恋愛をすると思います。就職活動では、雇ってもらいたい会社に自分をアピールします。恋愛でも、自分の魅力を説いて口説くわけです。これらは「自分を売り込む」という点では営業と同じだと言えます。自分という商品を売り込んで、いわば相手に買ってもらうのが就職活動であり、恋愛であるわけです。

こう考えてみれば、人生は営業の連続です。高校や大学の入学試験では、「私はこれだけの学力がありますよ」というのを、ペーパーテストを通してアピールしているわけです。面接や小論文なども、まさにそうです。「自分はこういう人間です」「僕はこういうふうに世の中を捉えています」「私はこんな思考ができます」と言って自分の能力や魅力をアピールすることが必要です。

学校に入ったあとも変わりません。たとえば、部活動でもそうです。野球部のキャプテンになる、吹奏楽部の部長になるというとき、まずは自分で実力をつけて、仲間から信頼されるようにならなければなりません。それにはやはり日ごろから、信頼を得られるような言動をしておかないといけません。それはもう営業そのものと言えます。

そうした「人生の営業」を、実はみんな気づかぬうちに積み重ねてきているはずです。「僕は開発の人間だから、営業は関係ない」という話ではありません。誰でも、どんな仕事をしていても、自分の人生のために「営業の力」をきちんと身につけるべきなのです。

また、営業というと、社外とのやりとりをイメージする人は多いと思います。しかし、「自分をよく知ってもらう」という営業の姿勢は、社外だけでなく、社内に対しても必要です。自分という人間を知ってもらうことで、自分のやりたい仕事ができるようになっていきます。どんなときも営業の姿勢を持っていれば、仕事上の人間関係はきっとうまくいくはずです。

自己アピール

伸びない人は「評価は自分がするものじゃない」と考える。
伸びる人は「自分という商品をどう売るか」を考える。

「自分をアピールするのは、何だかはしたない気がする。きっと誰かが見てくれているはず」と思いたい気持ちはわかりますが、それで認めてもらえるほど、現実は生易しいものではありません。

重要な仕事は、他人から認められる人に回ってきます。しかし、そのためには、魅力を自らアピールしていくことも必要です。きちんと見てくれている人がいる職場で働けるのは幸せですが、必ずしもそんな会社ばかりでもありません。人に認めてもらうためにも、自分の努力がいるのです。

多くの会社で開発部門出身の社長がまだまだ少ないのは、開発者には「営業は苦手」という意識を持っている人が多いことも原因なのではないでしょうか。開発部門に限りませんが、やってみることもせずに、「営業が苦手」と思っていることで、人をどうすれば動かせるかわからなかったり、人の気持ちがわからなかったりするのは、仕事においてマイナスではないでしょうか。

会社に入って「自分は営業向きではないから開発をやりたい」というのは不遜《ふそん》であって、まずは営業など、上から求められたものできちんと成果を出すことで、少しずつ自分のやりたいことにアプローチできるようになっていくものです。

それに、営業向きでないと思っていた人が、実際に営業職についたら実績を挙げることができて「営業はおもしろいものだ」と気づき、いまや仕事が楽しくてしょうがないということもたくさんあるのです。

そもそも「自分は営業向きだ」と学生のころから考えている人はほとんどいません。向いていないと思うか、向き不向きはわからないという人が大半です。それでも世の中でこれだけの人が営業職でやっていて、トップ営業マンと呼ばれる人たちがこれだけ活躍しているわけですから、営業という仕事は、外から見ているよりよほど魅力的な仕事なのです。

先にも述べたように、私は人の一生はすべて営業だと考えていますが、一方で、**そもそも最初から営業向きの人など誰もいない**とも思っています。ですから、たとえば採用面接のときに、いわゆる「営業マンとしての資質」は重視しません。

営業マンとして必要な資質は、一般的には「トークがうまい」とか、「自己アピールがうまい」というのがあるでしょう。これらがよくできれば、商品アピールもうまくできるだろうと考えられているからです。しかし、私はこのような観点で人を評価することはありません。

実際、私でさえ、自分では「営業に向いていない」と思っているぐらいですが、自分が本当にやりたいことを実現するために避けては通れないからやっただけのことです。それでも努力して、人並み以上の結果を出すことができました。だからこそ、逆説的ですが「営業に向いていない人などいない」とも断言できるのです。

話を戻すと、私が採用面接で見るポイントは「**この人は素直かどうか**」だけです。素直であれば、ほかの部分はどうにでもなります。しかし、素直でない人、頑固な人は、正しい仕事のやり方・考え方に導くのが難しく、できたとしてもかなりの時間がかかってしまいます。

素直な人は、言い換えれば、他人から吸収する力があります。すると、成長も早いのです。素直な人は営業ばかりでなく、どんな仕事でも柔軟に受け入れ、いいところを取り入れて吸収し、どんどん成長していきます。

一方、頑固な人は自分の型・やり方に固執してしまう。こだわりが強くて柔軟性がありません。自分だけが正しく、他人からのアドバイスも、曲解して捉えたり、受け入れなかったりします。こういうことが続くと、その人には誰も意見をしなくなりますから、ますます独りよがりな状態に陥っていくのです。

上司との外出

伸びない人は上司との外出時間をなんとなく過ごす。
伸びる人は外出先で上司に対する観察眼を磨く。

最近はあまり聞きませんが、昔のプロ野球界では、「グラウンドには銭が落ちている」とよく言っていたそうです。言うまでもなく、「グラウンドで活躍すれば、給料はどんどん上がっていくんだよ、だから練習に励みなさい」ということです。

それと一緒で、一般の仕事の場合は、「飲み会には仕事のネタが落ちている」のだと私は考えています。

いまは、上司から誘われても「今日は友達と約束があるので」と嘘をついて断る若手もいるという話ですが、確かにそういう話を聞く頻度は多くなってきた気がします。

一方で、飲み会をうまく利用している人もいます。自分のやりたい企画を通しやすくするために、上司と仲良くなる人。あるいは社内での飲み会は仕事に活かせないと考えて、社外の飲み会に積極的に顔を出す人もいます。

人間関係において、自分を知ってもらうと同時にやらなければならないことは、「相手を知ること」です。そして相手を知るには、「**オフィス以外の場での言動をよく観察すること**」です。上司や先輩とどこにいるか——オフィスにいるのか、喫茶店にいるのか、居酒屋にいるのかで、自分の振る舞いは違うからです。

たとえば、上司とスターバックスに行った時に、ネットで事前に注文したり、「ラテが好き」などといった好みを把握したりする。こうした準備は、まさに先回りのスキルと言えるのではないでしょうか。そういう普段の小さなことから観察をして、上司の考えを学習していくことです。こうしたことが、上司が仕事上で何を求めているかを考える練習になるのです。

飲み会でも「2杯目から焼酎かな」とか。外出先で上司が「スマホの電池がなくなってきた……」と口にしたときも、「モバイルバッテリー、ありますよ」と言えば、「わかってるじゃないか！」ということになります。

これを続けていけば、仕事上でも一緒に取引先を回ったときに「あの資料ってある？」と上司から尋ねられたとき、「必要になると思って持ってきています」といったこともできるようになっていくでしょう。

こうした観察眼も、20代のうちに身につけておかなければ、30代になって急にできるようにはなりません。というのも、30代になると、後輩もたくさん周りにいますから、その役目は後輩たちの手前、やりにくくなるはずだからです。

「上司の求めるもの」を想像する訓練をしておけば、ムダな労力を削ることもできます。これはトランプゲームのようなものです。

上司のほしいカードがわからなければ、こちらは1から13まで用意しておかなければなりません。けれども、上司の性格や思考の癖をわかっていれば、「上司がこういうときに求めてくるのは1か4だ」と見当がつきます。すると、ほかの11枚は用意しなくてよいわけです。その分、ほかの仕事ができて、仕事を効率的にこなせます。

要領

伸びない人は仕事のために遊びを犠牲にする。
伸びる人は遊びのために仕事を調整する。

先ほどの話とも少し関係しますが、サラリーマン時代は、あらゆる手練手管を使って、どうやって飲み会に間に合うようにするか画策してもいました。

当時は夜9時、10時まで仕事をするのがザラでしたから、夕方6時、7時の飲み会のスタートに間に合わせるのは大変でした。デスクのビジネスチェアに上着をかけておき、パソコンを立ち上げた状態のまま、「ちょっと席を外していますよ」という演出をして飲み会に繰り出したこともありました。

金曜の夕方、上司に声をかけるタイミングも考えていました。

たとえば、午後4時ごろ、「ちょっと相談がありまして」と上司に声をかけます。そうすると、上司が金曜は早く帰ろうとしますから、「今日はもう忙しいから月曜日でいいよ」と言ってくれるのです。

ここでは**上司がまとっている「空気」を鋭く読み取らねばなりません**。早く帰りたいと思っていない上司もいて、下手をすると、「相談したい？　どれどれ」と言って延々と教えてくれたりします。だから、この方法はある種の賭けなのです。

定時が午後5時40分で、飲み会開始が6時半だとします。「これ、いまできたんですけれど、どうですか」と持って行っても、「これはこうやって、ここをこう直して、また持って来い」とやられてしまうと、飲み会に到底間に合いません。

そういうときは、昼間から「今日、課長は早く帰られますか？」などと周りの人に聞いておくのです。すると、「娘さんのお迎えがあって、早く帰るはずだよ」といった情報が出てくる。するど、夕方に声をかけたときに「いいよ。今日は金曜日だから、月曜日で」という言質を引き出せるわけです。こういうことを続けていくと、どのタイミングで行くと相手の機嫌がいいかもわかってきます。

また、こういうテクニックも使っていました。前述のように金曜日の定時5時40分で上司が帰ろうとするときに、「ちょっと教えてもらっていいですか」と相談に行きます。「え、いま？　もう帰るんだよ」と言われても「ちょっとすいません。駅まで一緒に行きますから、お願いします」と言って、上司と一緒にオフィスを出ます。

そうすると、「ここ、わかった？　それ、やっておけよ。いいな？」とポイントを教えてくれるので、それをメモしながら一緒に駅まで歩きます。周囲の人は、私が上司に仕事を教えてもらっているとしか思いません。

私はそのまま駅まで上司と一緒に行き、「いまから戻って書類つくってきます！」と言って上司と別れます。しかし、実はそこでオフィスには帰りません。そのまま、会場に直行です。これで飲み会に滑り込みセーフだったことが何度かありました。

こんなことができる要領のいい社員だったら、どこでも必要とされるはずです。遊びも本気でやれば、仕事のトレーニングになります。遊ぶなら、本気で遊ぶことです。

人脈

伸びない人は人脈を考えて仕事をしない。
伸びる人は人脈づくりが仕事の基盤と考える。

仕事における人脈をつくるために大切なことは、その仕事においてスペシャリストになることです。

これさえあれば、人脈は勝手につくられていきます。向こうにとっても自分が人脈にならないと、相手は付き合ってはくれません。だから、まずは自分が「相手にとってメリットになる存在」になる必要があります。

自分の職場の中で突き詰めて仕事をしていけば、それなりにスペシャリストになっていきます。すると、ほかの分野の人にとっては、とても目新しく、その分野の最先端のことを教えてくれる人、という認識になるのです。

だから、どんな小さな分野でもいいから、スペシャリストになることが大切です。

「自分がスペシャリストになれる分野なんてないよ」と思うかもしれませんが、そんなことはありません。**細分化していけば、誰でも何かの専門家になれます。**

たとえば、温泉に詳しいだけなら、ほかにもたくさんライバルがいますが、「混浴温泉の専門家」となるとかなり絞られるはずです。温泉の専門家には興味がない人でも、混浴温泉の専門家には興味を持ってくれるかもしれません。

そのようにして、どんどんニッチなものにしていけば、必ず何かのスペシャリストになることができるのです。

私の場合、サラリーマン時代は「不動産関係なら何でも聞いてください」と御用聞きのようにして人脈をつくっていました。

不動産関連でない仕事をしている人なら、個人的に不動産についてよく知っている人といっても限界があります。やはり仕事として長時間、その分野の情報に触れている人のほうが詳しくなってくるはずです。

本当のスペシャリストになれば、専門用語を使わなくてもわかりやすく説明することができるようになります。専門的なことをわかりやすく説明してほしいと思っている人は、世の中にたくさんいるのです。

どんなに頭のいい人でも、他分野の話はたいてい難しく聞こえるものです。そういうときに、本質的な部分だけを、平易な言葉で説明してくれる人はとても重宝されます。

私が人脈として捉えている人は、「**自分の仕事に自信を持っている人**」や「**誠実な人**」です。

逆に言えば、自分がそういう人になっていけば、相手からも人脈として見てもらうことができ、付き合ってもらえるはずです。

私の場合、友人関係も仕事つながりの人たちがメインです。仕事仲間こそ真の友人と言えるのではないでしょうか。

「company」の語源は、ラテン語の「com（共に）」と「panis（パンを食べる）」に仲間を表す「-y」が付いたもの。一緒に働く中で、切磋琢磨し、ピンチを乗り越える経験は、大学の友人関係とはまったく違う。同じ境遇で支え合い、共に困難を克服する、まさに「company」を体現していると言えます。

新入社員にアドバイスがあるとしたら、一生懸命仕事に取り組み、周囲と協力しながら成果を出す。メジャーリーグのワールドシリーズを見てもわかるように、共通の目標に向かって切磋琢磨するから、揺るぎない絆が生まれるということです。

だからこそ、感動が生まれるのであり、優勝後のビールかけにも特別な意味が生まれるのです。目標を共有していない大学の友人との同窓会でビールかけをしても、感動も喜びもないのではないでしょうか。

プライベートだけの仲間は、本当の友人になれないとさえ思います。というのも、仕事の中でのほうが、その人の深い人間性が見えたりするからです。プライベートで遊んでも、たいてい表面的で、深い話にはなりません。

仕事とプライベートで友人関係の何が違うかというと、「利害関係」が生まれるところです。「利害関係がある仕事仲間だと、本当の友達にはなりにくいのではないか」と思うかもしれません。でも、実際は違います。もともと「利害関係」で結ばれていた間柄が、それを超えることで、とても強固な関係に変わるからです。
仕事関係の友人と関係を深めていけば、利害関係を超えた間柄になることがあります。
そのときには、本当の友人になり、何でも話せる関係になっているはずです。

信用

伸びない人は小さな仕事を単なる雑務と考える。
伸びる人は小さな仕事は信用を得る機会だと知っている。

人間関係が深まっていくと、お互いに信用が蓄積されていきます。そして信用を積み重ねていくことで、さらに人間関係は深まります。

仕事においても信用がいかに重要なのか、私は起業の際にお金を借りるときに、身に染みて感じました。お金は信用がない人には絶対に貸してくれないものです。信用度というのは、ある意味、お金で計ることができるものだとも言えます。

たとえば、昨日に初めて会ったばかりの相手から「１００万円貸してくれ」と言われたとして、応じる人はまずいないでしょう。でも、３００円ぐらいなら貸してくれるかもしれません。借りたらすぐ翌日に返します。すると次は1000円を貸してくれるかもしれません。これもすぐに翌日返します。これを続けていけば、相手が財力を持っていれば、いつかは100万円を貸してくれるかもしれません。

これは少し極端な例かもしれませんが、人は「この人なら返してくれるだろう」と思うから貸してくれます。それは、過去に返してくれたという信用があるから可能です。

仕事も信用という意味ではまったく同じで、小さい仕事は300円を借りたようなものです。それをすぐに翌日、完璧な状態にして「できました」と言って持っていきます。すると次は1000円の仕事がきます。それも翌日に完璧にして返します。これを続けていくと、いつかは100万円級、あるいは1000万円級の仕事がやってきます。

私の場合、起業してすぐの時期は、不動産購入の資金として500万円しか借りることができませんでした。しかし、500万円を返済したあとは、1000万円を借りることができました。そうして1億円、3億円、5億円……とだんだん増えていき、そして30億円の借り入れができるようになりました。しかし、最初から30億円を貸してくれるということはありません。少しずつ信用が貯まってきたからできたことなのです。

サラリーマン時代にも、信用の威力をまざまざと実感したことがありました。

当時、私は賃貸オフィスの法人営業を任されていました。しかし、いま別のオフィスを借りている会社に、「オフィスの移転の話で来ました」と直球で勝負しても、相手にされません。

そういうときは、住友不動産は戸建てやマンションなど住宅も売っていますから、「何か不動産関連でお困りのことはありませんか」というふうにして関係づくりに入っていきます。また、「貸会議室やホテルも持っていますので、そのようなニーズはありませんか、割引しますよ」と言って話を聞いてもらうのです。

そうすると、先方から「実は、そういうのはたまに相談されたりするんだよな」という話があったりします。先方から「こいつは使えそうだ」と思ってもらえれば、相手にしてもらえるようになるのです。

そうしてつながっていると、直接オフィスビルには関係なくても「研修で1週間、東京都内で施設を借りられないか」といった相談を持ち掛けられるようになります。

そうしたら、ホテル事業部に行って「こういう場合、いくら割引できますか？」と聞くのです。社内でも、オフィスビルの法人営業は重要事業だったので、「大事な提案になりそうなので、値引きしてもらえませんか?」と交渉すると、価格を下げてもらえたりします。自分が直接、その仕事を受けなくても、取り次げばいいのです。

もちろん、そうすることで、ホテル事業部にとっては売上にもなりますし、それまで関係のなかった新規顧客を開拓したことにもなります。こういうことを続けていると、**自分の成績にはならないのですが、信用が貯まっていきます**。

また、法人営業で会った企業の役員に、マンションや戸建て住宅の話をしておくと、「うちで家を買おうとしている社員がいるんだけど、相談に乗ってやってくれない?」という話になったりします。そこで結果を出したら、「いま、オフィス移転の構想はあったりしますか? 3年後、5年後だと可能性はありますか?」と聞いておくのです。するとその会社でなくても、取引先の会社から「社屋を移転しようと思っているんだけど、いいところ知らない?」という話になったときに、「そういえば住友不動産の菅沼というのがいたな」と思い出してもらえます。

サラリーマン時代はそうして信用を積み上げながら、仕事の規模をどんどん大きくしていきました。信用の力は、それほどまでに絶大なものなのです。

報連相

伸びない人は「報連相は仕事上の義務」だと思っている。
伸びる人は「仕事＝報連相」だと考える。

仕事は報連相に始まり、報連相で終わると言ってもいいくらい、「報告」「連絡」「相談」は重要です。これをおろそかにしている人に大きな仕事はできません。

クレームも、多くは報連相を怠っているがゆえに出てくる問題です。それはお客さんに対してもそうですし、上司・同僚に対してもそうです。

報連相は、自分で「これくらいで十分だろう」と思っているスピードや密度の1・2倍くらいの感覚で取り組んでちょうどよいと考えることです。特に新人のうちは、「これでもか」というくらい報告と連絡を行うのがいいでしょう。最初はそのくらい報告・

連絡をしていないと、何が重要で何が重要でないのかもわからないからです。

そのうち、「そういうことはいちいち報告しなくていい」と上司から言われたり、自分でも、報告・連絡すべきことと、自分の中だけにとどめておいてよいことが判別できたりするようになっていきます。

そして、報連相のうちで、最もハードルが高いのが相談です。

相談で最も重要なことは、内容うんぬんより、タイミングです。相談に乗ってくれる人の時間をもらうわけですから、相手が話を聞ける状態のときでなければなりません。

当然、朝の忙しい時間帯はNGですし、お昼前の空腹時も相手がイライラしているかもしれませんからダメでしょう。帰宅する直前も「もっと早く言えよ」ということになってしまいます。たとえば9時始業の会社なら、午前なら10時ごろ、午後なら3時か4時ごろは、相談によいタイミングとなることが多いと思います。相手が大丈夫そうなタイミングを読み取る「観察力」が必要です。

上司の立場からすると、相談してもらうことは、タイミングさえ間違っていなければまったくかまいません。むしろ、どんどん相談しに来てほしいと思っています。上司と部下という関係を鑑みても、頼られるのはやはり嬉しいものだからです。

もちろん上司の側でも相談しやすい雰囲気をつくっておくことは重要ですが、部下のほうでも「迷惑ではないか」と考えすぎる必要はありません。

それはなぜか？　相談するということは、「私はこれをどうにかうまくやりたいと思っています」という表明にほかなりません。「そのためのお知恵を貸してください」ということですから、会社のためであり、ひいては上司のためでもあるのですから。


場所も、社内で話しにくいようなことなら、会社とは別の場所で話すというのもあります。上司が飲みの席で話せる人なら、そうした場で相談してもいいでしょうし、取引先とオフィスの行き帰りの途中に喫茶店に寄ったときでもいいでしょう。オフィスではなかなか教えてくれないことも、そうした場所でなら時間もあり、上司もリラックスしているのでよい相談ができるはずです。

ただ、飲み会のときに仕事の話をしたくない上司もいますし、決済の話など、仕事の根幹に関わる相談は、基本的にオフィスの会議室でやるべきでしょう。居酒屋や喫茶店では、仕事の取り組み方、コツなどを聞く機会にすることです。

職場の待遇

伸びない人は働き方改革でラクをしようとする。
伸びる人は時短をチャンスと捉えて自分の成長を促す。

長時間労働で疲弊すると、人間関係はギスギスしてきます。人は疲れていると、他人に対して優しくなれないものです。それがひいては離職率の高さにつながっている面もあるでしょう。

しかし、近年は働き方の見直しが進んでいて、長時間労働は是正されつつあります。かつては無理な長時間労働のために部下が退職してしまっても、上司がとがめられることはあまりありませんでした。しかし、いまでは部下が辞めてしまった上司は、「マネジメント能力がない」と見られて、評価が下がってしまいます。

また、かつてのワンマン経営では、社長がトップダウンで部下に営業の指示をしておけばいいという考え方がありました。目標が達成できなければ叱責して、ときに罵倒して奮起を促せば、やる気を掘り起こすことができると思われていました。しかし、いまの社長は社員の心情に配慮したマネジメントをしなければならなくなっています。

接客業でも、社員の精神衛生にかなり配慮するようになってきています。これからは、お客さまからのクレームに対しても、これまでのように平身低頭で謝るのではなく、理不尽な内容に関しては毅然と対処する企業が増えてくるはずです。理不尽なクレームで社員が疲弊して辞められてしまっては、企業にとっては大損害だからです。

社員がいなければそもそも事業ができないのですから、一部の傲慢なお客さまより社員のほうを大切にしようとするのは、当たり前といえば当たり前でしょう。

女性に対する社会の認識も、いまは昔と比べてかなり変わりました。

わが社は男性の多い不動産業界には珍しく、社員の男女比率が5割ずつです。これは現代の社会を反映しています。

先日、タイを訪れたのですが、かの国では、女性が社会の重要なポストを担っています。ビジネス街で働いているのは女性の比率が高いようで、日本でいうホワイトカラーのような職業の半分以上は女性が担っているという印象でした。会社の経営者や役員も、かなりの割合を女性が占めているようです。

特に最近は、インターネットなどのテクノロジーのおかげで、女性が結婚・出産しても仕事が続けられる環境が整ってきて、女性もキャリアをほとんど中断することなく、高めていけるようになってきました。

それに、もともと女性のほうが勤勉で優秀というのもあります。

南の国では、女性ばかりが働いていて、男性は遊んでばかりという国は多いようです。人口比率で女性が圧倒的に多い北欧のラトビアなどでも、女性が医師や弁護士など、社会的にも地位の高い職業に多く就いています。ラトビアでは、男性の飲酒率や喫煙率が高いため、平均寿命は女性のほうが10年も長く、女性の多い国になっているようです。やはり健康なほうが仕事もがんばれますから、社会の重要な役割を果たす職業にも、次第に女性が多くなっていくのでしょう。

翻って日本を見ると、旧態依然とした状況が見て取れます。

近年の話題で言えば、いくつかの大学での医学部入試で女子受験生に対する不正操作問題が起こりました。また医者になってからも、女性というだけで差別を受けることもあるようです。一部の教授は現在でもそう考えているのではないでしょうか。結果として、旧態依然とした考え方が根強く残っているのではないかと思います。

今後は日本でも社会で重要な役割を果たすのは、次第に男性から女性に移り変わっていくのでしょう。それをわが社では先取りしているのです。とはいえ、現状の日本では、女性が結婚や出産を機に退職してしまうこともまだ多いので、わが社としては男性社員もほしいのです。

しかし、採用が難しくなってきているのは確かです。そうしてせっかく人材を確保したわけですから、企業は社員に辞めてほしくはありません。しっかり教育することで、本人に成長してもらい、長く勤めてもらいたいと思っているのです。

いまは人手不足ですから、社員はとても大事にされる時代になっています。そうした時代にあぐらをかいていると、自分の成長は鈍ってしまいます。時代の流れを「これ幸い」と捉え、この流れに乗ってうまく自分を成長させる方法を考えることです。

第4章

「成長」って何だ？

人が伸びる「原理」を知る

27歳で会社を興した私ですが、ある時期から、「仕事の現場から一歩引いた立場」から経営をするようになってきました。

それ以前は、昔の中小企業よろしく、すべてをトップダウンで決定していました。人間の身体で言えば、脳は私だけが担い、あとの社員は手足となって、脳の指令を受けて動くだけ、という感じです。

しかし、あるときからそれをやめ、自分自身は現場でなるべく手を出さないように心がけるようにしました。それまでは休みが1日もない状態で働き詰めでしたが、いままでは週に2日は必ず休み、これからは3日休めるように仕組みを考えようと思っています。

休みを取るようにしてわかったことは、自分が動かなければ、それだけ社員が成長していくということです。
私が働けば働くほど、社員は私をあてにします。しかし、私がいなければ自分たちで考えて仕事をします。この「自分で考える」ということが、成長を加速させるのです。

私が仕事をしないようにするためには、社員に権限を与えて任せることが必要です。権限を与えると、そこには責任が発生します。責任とは、なすべき務めとして割り当てられた役割のことを指します。何か不都合が起こったときには、「責任を取る」ことにもなります。権限を与えられて任せられているのですから、当然のことです。

昨今、「責任ある仕事は嫌だ」と言って管理職になるのを回避したがる若者が増えたという話を聞きます。「責任」と聞くと、何かあったとき「責任を取らされる」ことばかりが頭に浮かぶからでしょう。

でも、責任のない仕事は、総じてつまらないものです。なぜなら、責任を取らなくていい仕事は、その会社にとってたいして重要でない仕事だからです。

かつて、リストラしたい社員に閑職をあてがうということが行われ、問題になったことがありました。重要でない仕事でやりがいを奪って、自発的に会社を辞めてもらおうとしたのです。**人間は自分が何かの役に立っていると思うことで、生きる気力が湧いてくるもの**です。「任せたよ、頼んだよ」と言われることでやる気が出てきます。

何か不都合が起これば、責任を取らなければならないからこそ、仕事に緊張感が生まれます。だからこそ、達成感も生まれます。達成感は次の仕事への意欲になります。それが次の成長へとつながっていくのです。

責任のない仕事に緊張感はなく、緊張感のないところに達成感はありません。そして達成感があれば、成長を加速させることができます。

ただ、若手の時代はまず「責任を取れ」と言われることはありません。

中堅になって責任を取ることがあっても、違法行為を行っていない限り、解雇となることもありませんし、ましてや命を取られるわけではありません。せいぜい違う部署に異動させられるか、減給くらいのものでしょう。

責任の取り方なんて、そんな程度のものなのです。それならば、日々の緊張感はあるけれど、やりがいがあり、責任もある仕事のほうがよいのではないでしょうか。

成功体験

伸びない人は**無謀な仕事で失敗して無力感を感じる。**
伸びる人は**小さな目標をやり抜いて自信を得ていく。**

人が成長するとき、大きな鍵を握るのが成功体験です。

成功体験をいつまでもしないでいると、「学習性無力感」に陥ってしまうことが、心理学の研究でわかっています。学習性無力感とは、努力を重ねても結果が得られないことが続くと、何をしても無意味であると学習してしまうことを指します。学習してしまった結果、努力ができない体質になっていくのです。

こうした状態に陥ってしまう原因は、何をしても自分が望むような結果が得られないという経験の積み重ねです。ではなぜ仕事でそのような状態になってしまうかというと、求める「結果」のレベルが高すぎるからです。

最初から大きな結果を得ようとすると、当然、難易度が高いので、失敗の可能性も高くなります。ですから、最初は大きな結果を望まず、小さな「できたこと」を自分の中に貯めていくようにすることが必要なのです。

自分の中に小さな成功体験が貯まっていくと、だんだんと次の大きなステップに挑戦しようという気になってきます。それも達成できたら、さらに大きなステップに進もうと思うことができます。

こうなるともう逆に「学習性効力感」を得たといってもいい状態になります。「努力を続ければ、必ず結果は出る」ということを学習して、自然とやればできると思えるようになっていくのです。


そのためにも、重要なのは、**大きな目標を掲げながらも、小さな目標（ToDo）を日々こなす中から、小さな成功体験を貯め込んでいくこと**です。

小さな成功体験を繰り返すことで、小さな自信を貯めていきます。それがやがては大きな成功体験による大きな自信へと拡大していくのです。

多くの人は、そうして自信を持つ前に離脱してしまったり、会社を辞めてしまったり、逃げ出してしまったりします。どんな小さなことでもいいから、自分で目標を定めて、やり抜いた末に達成するという経験を、できるだけ若いうちにしておくことをお勧めします。

私が最初の自信を得た経験は、大学1年生のゴールデンウイークのことでした。

そのときの私は少々やさぐれていました。

偏差値27の状態から必死に猛勉強し、横浜国立大学に受かるかもしれないというぐらいのところまで来ました。けれども、センター試験の出来がよくなく、結局、確実に受かるであろう横浜市立大学を受けて合格したものの、気分は敗者そのものでした。

さらに高校を卒業するころから始めたアルバイト先で出会った女の子に告白するも惨敗。もうどうでもいいやと自暴自棄になっていました。まさに学習性無力感を身につけそうになっていたのです。

そんなとき、高校時代の野球部のある先輩から電話がありました。その先輩は一浪して理科系の大学に進学したものの、学校が合わずに留年していました。お互いの近況を話すと、「菅沼、それならゴールデンウイークに自転車で仙台に行こうぜ！」と言うのです。

仙台には野球部の別の先輩が大学に進学していて下宿していました。そこへ泊めてもらおうというのです。アルバイトに明け暮れているばかりで充実していない日々を送っていた私は、二つ返事で賛同しました。

高校ではそれなりに野球で結果を出したり、勉強の成績が上がったりしたことはあったのですが、私にとっては仙台に自転車で行ったことが、それまでの18年間の人生で最大の自信を得る出来事になったのです。

横浜から仙台といえば、いまから考えればそれほどの困難ではないと思えるのですが、自転車で横浜市内から出たことのなかった私には、仙台は途方もなく遠い地に見え、「そんなのできるわけない」としか思えませんでした。

しかし「できるわけない」と思いながらも、やると決めてやってみた結果、3日間をかけて仙台に着くことができました。

そこで「**自分の限界は超えられるものなんだ**」ということを学んだのです。

そのあと、横浜から岐阜と愛知へ行き、最後に愛知万博を見て帰ってくるという自転車旅行の計画を立てたときは、片道2日で横浜まで帰ってくることができました。

1日200キロを走る必要がありますから相当ハードですが、仙台へ行った経験があったので、もう「できるわけがない」なんて思いません。2日で行けるかどうかが問題になるだけです。

成功体験を何かひとつでもしていれば、それをよりどころにして困難に立ち向かっていけます。

「私もそんな体験を学生のころにしておけばよかった」と思うかもしれませんが、いまからでも遅くはありません。社会人になってから、成功体験はいくらでも積めます。

それは仕事上であってもいいし、プライベートで私のように自転車旅行をしてもいいでしょう。何でもいいから目標を持ち、計画し、実行して結果を出す経験をすること。それがあなたに「やればできる」という実感を持たせてくれるのです。

結果への執着

伸びない人は短期間では結果なんて出ないと思う。伸びる人はどんな場所でも結果にこだわる。

いまの時代は、仕事で成功体験を得にくくなっているのは確かです。

高度経済成長期のように右肩上がりで数字が伸びていく時代ではありません。多くの企業も売り上げを伸ばすより、経費削減をすることで利益を出しているような状況になってきています。

ですから、目標はわかりやすい指標を物差しにするのがいいでしょう。到達点がわかりやすいほうが、達成感も得やすいし、それによって成功体験にもなりやすいのです。

私も、住友不動産で務めた3年間の中で、仕事の中での成功体験をしっかり得ようとしていきました。

住友不動産にはホテル事業部があり、東京都内に「ヴィラフォンテーヌ」というホテルを展開しています。入社1年目の一時期、そのホテル事業部に出入りして、ホテルの管理・運営に2カ月間、携わったことがありました。ホテルの営業をしたり、夜勤も経験したりしました。

最初から2カ月だけとわかっていると、そこで目に見える成果を出すのは難しいと考えてしまうかもしれませんが、私は2カ月でどれだけのことができるか、チャレンジだと思ってやっていました。

会社は伊豆にもリゾートホテルを持っていたので、金曜日の夜まで働いて、そこからそのホテルへ自分で車を運転して行き、仕事をするということを月に2回は行っていました。ホテルの営業では、どうやってダイレクトメールを打てばお客さんからの反響を得られるかなと研究したり、実際にどんな営業をかければ大口の契約が取れるかを考えたりしました。

そうして300室あるホテルの稼働率を、数%ですが上げることができたのも成功体験です。

どこにチャンスが転がっているかわからないのですから、どこでも全力でやることが大切です。2カ月でも3カ月でも「結果を出すこと」にこだわってやるべきです。

そうやって数字も上がってくると、こうやってやればいいのかというコツのようなものが得られたという感触もありました。

また、4月に入社してすぐは住宅展示場で研修を受け、そのあとは工事部に行かせてもらい、マンションの現場や設計の現場を見させてもらいました。その次はホテル事業部へ行き、マンションのモデルルームに配属され、最後は法人の賃貸オフィスの営業に配属されました。わずか3年で目まぐるしく部署を異動しましたが、小さなことだとしても結果にこだわることで、どの部署に行っても、何か成果を残すことができるのではないかと思えるようになっていきました。

わが社でも、私がやっていることは基本的に同じです。

創業して6年で、賃貸管理業で扱っている戸数は2000にまで増え、現在は

9500以上になりました。
0から100戸まではなかなか苦労しましたが、300戸までいけば、軌道に乗ったのか、あとは順調に増えていくだけです。最初から12年で9500戸まで増やせるとは想像もつきませんでした。でも、小さなことからやり続ければできるのです。

わが社の社員にも、成功体験を得てもらいたいので、それができる仕組みを考えています。

たとえば、賃貸の部門の外回りで100社回って名刺を交換してくるといったことです。とにかく不動産会社と思われるところに行って名刺を集め、1週間で誰が最も多くの名刺をゲットできるか、ゲーム感覚でやってみるのです。

それが評価とか賃金に結びついていると重苦しい雰囲気になってしまいますが、もらった名刺でどうこうしようというわけではなく、「最初は無理だと思っていたけど、やったらできた」という経験をしてもらうのが目的の、1週間だけのゲームです。

最初から大きな目標である必要はありません。小さなものでいいのです。

他人から見たら呆れるようなものでもオーケーです。私が自転車で仙台に行った成功体験など、他人からすれば「何だそんなこと」ということかもしれません。でも、自分が成功体験を得るのに、他人の評価は関係ないし、意味もありません。自分の中で完結していればいいのです。

成功体験こそが自分の成長を促してくれます。「自分ならできるはず」という感覚が得られたら、あとはもう坂道を転がるような勢いで成長していけるでしょう。

質と量

伸びない人は最初から質を求める。
伸びる人は量を求める。

こうした仕事の原理原則を身につけるには、最初からスマートにはいきません。たくさんの量をこなす中から、質を上げるためのコツ＝**仕事の原理原則**がわかってくるのです。

私も最初は、上司から「飛び込み営業に行ってこい」としか言われませんでした。最初からあれこれ考えてやらないでいるより、まずはやってみる。それもたくさんの量をやってみることです。その中で「こんなに何十件も飛び込み営業をするのはいやだな」と思ううちに、質を高められるアイデアが出てくるものです。

量をこなさずに頭だけで考えたアイデアを「机上の空論」と呼びます。**まず量をこなす中からアイデアを考えるほうが、結局、早い**というのが私の結論です。

実際、私もそうでした。

私は住友不動産で、入社2年目で法人営業を担当させてもらえるようになりました。法人営業では、見込み客となりそうな会社を訪れて「当社のビルに移転しませんか」というお誘いをします。オフィス移転の話ともなると、決済権のある人に交渉しなければなりませんから、その企業の役員に話をすることになります。しかし、『会社四季報』を見ても役員の名前は載っていません。企業のホームページにも載っていないことはよくあります。そういう場合の手段として、飛び込み営業を行うのです。

そこで、第1章で話したようなテクニックを駆使して役員の名前を聞き出し、次からはその人を名指しで訪問します。何回か行くと、「めんどくさいな。しょうがない、1回だけ顔を出すか」と言って会ってくれるようになります。

また、役員に電話をかけるときでも、何度も電話していると、不思議と「話を聞いてくれる時間帯」があることがわかってきました。しかし、それがわかるまでは、何度も跳ね返されました。つまり、「質の高め方」を知るには、量が必要だということです。量をこなしていくうちに質を高めることのできる「勘所」がわかってきます。仕事の勘所がわかると質が高くなり、さらに多くの量をこなせるようになっていくという好循環になります。

この点については、カリスマ予備校講師でタレントの林修先生も同じことを言っています。東大など難関大学に入れる生徒は、圧倒的に勉強量が多いというのです。その中から、自分なりに身につく勉強法の勘所もわかってくるので効率もよくなり、さらに成績がアップするのです。

会社を早期退職する新入社員の多くは、この仕事の勘所をつかむまでの期間を耐えることができません。ここさえ耐えることができたなら、好循環に持っていけるとわかっている人は、小さな仕事でも泥臭い仕事でも必死でこなしていくのですが、学生時代までにそうした成功体験を得ていない人は、「こんな泥臭い仕事がずっと続くのか」と考えて、仕事が嫌になってしまうのかもしれません。

泥臭い仕事の中には、何かが埋まっているはずだと考えて仕事をすることです。それができるのは、若い時代の特権です。

他者評価

伸びない人は褒められて満足する。
伸びる人は褒められたあとの「一言」から学ぶ。

いまの時代、「叱る」という行為は、やり方をひとつ間違えると「パワーハラスメント」だと言われます。叱る側は、相当な覚悟をもって取り組まなければなりません。このことは、若い読者のみなさんには、よく認識しておいてもらいたいと思うのです。

では、叱る人は、なぜハラスメントの地雷を乗り越えてまで叱ろうとするのでしょうか。部下に仕事をしてもらわないと、自分の評価も上がらないからという理由もあるかもしれませんが、やはり、部下に成長してもらいたいからこそ叱るのです。

マザー・テレサは、「愛の反対は憎しみではなく無関心である」と言いました。**無関心なら、リスクを冒して叱ったりしません。関心があり、愛があるから叱るのです**。

しかし、現代社会において、「叱る」ことは完全に時代遅れになっています。

私は「叱る」ことはせず、部下への対応は「褒める」ことを基本にしています。目標未達の場合など、褒めることが難しい場面においても、「なぜできなかったのか？」と問いかけ、対話を重視します。一方的な命令ではなく、部下と対等な立場で、「どうすれば改善できたのか？」と建設的に話し合います。

「叱る」のではなく、「褒める」を通して部下のモチベーションを高め、目標達成へと導く。上から目線で強制するのではなく、自発的に目標へと向かうよう仕向ける。これが私のマネジメント手法です。

私が経営しているアパマンショップは、当初30位前後でしたが、社員に会社への誇りを持つために、傘下の10店舗の中で必ず全国1位を獲得しようと目標を掲げました。社員に結果を給与や賞与に反映させることを約束し、社長就任から数カ月で、全国1位を目指しました。結果、着実に順位を上げ、ついに1位になることができたんです。

実は数年前まで、叱ることは重要だと考えていました。そんな私が、部下を叱らずに「あと少し」と鼓舞し、褒め、対話し、目標を高く設定し、成長を促すことができたのです。その時は大きな喜びを感じたことを覚えています。

また、モチベーションが低く、仕事に迷いを抱えている営業メンバーがいました。その社員は、あることをきっかけに結果を出し始めます。

それは、店長に任命されたことでした。個人の限界を超えるため、チームで売上を上げる仕組みを作り、店長には部下の育成に注力させました。自ら営業せずとも、部下を育成すれば、個人の能力をはるかに超えるレバレッジ効果を生み出すことができます。店長は、部下の育成に注力することで、結果的に自身の負担を軽減できるようにもなります。

では、「叱られない時代」に若い人たちはどうやって成長すればいいのでしょうか。

新入社員には、褒められても常に改善点を考え続け、自分から上司に聞きに行くようアドバイスしています。以前は「忙しいから自分で考えろ！」なんて言われていたのに、いまの時代は本当に親切に教えてくれます。

また**上司が褒めてくれたあとの「一言」にも学ぶ要素があります。**英語表現〝Yes, but ～〟に見られるように、「しかし」以降にこそ本音が出るものです。

同様に、賞賛の言葉に続く「でもね」にも、本音が隠されているんです。たとえば、「素晴らしい！　でも、これを改善すれば更によくなる」といった感じです。重要なのは、この隠された意図、つまり本音を読み取れるかどうかです。褒められて満足することなく、向上心を持って上を目指す姿勢が求められます。

ただ、現代社会では叱られる機会が減っているものの、「叱られること」は貴重な学びのチャンスです。もし叱られたら、その内容を受け止め、前向きに成長の糧にしていくのがいいでしょう。

仕事の知識

伸びない人は**自分で調べる。**
伸びる人は**とにかく人に聞く。**

成長するためにかけていい時間と、かけなくていい時間があります。

結婚式の祝辞や謝罪の仕方など、以前はインターネットで調べたり、書籍を購入したりして時間をかけていました。そんな頭を悩ませていた作業は、いまやＡＩで事足りるでしょう。

たとえば、上司への謝罪メールもＡＩで生成した文章をコピペするだけで済むので、精神的な負担も軽減することができます。これが正しいかどうかと言う議論はあると思いますが、仕事における様々な悩みも、ＡＩを活用すれば楽になります。活用できるところは徹底的に活用した方がいいと思います。

また、ＡＩだけではなく、インターネットの口コミサイトで飲食店の情報収集も簡単になりました。以前は会食の店選びで、個室の有無や価格、ビール銘柄の確認など、些細なことに時間を費やし、残業していました。いまでは口コミサイトですぐにわかるので、時間を有効に利用できます。あらゆるツールを活用することは、成長するために欠かせません。

ただ、自分で調べるのに時間をかけるよりは、人に聞いたほうが短時間で済ませられることは多いと思います。

わからないことがあるとき、人に聞ける人のほうが短時間で成長していきます。

しかし、いまはわからないことを、わからないと言いにくい雰囲気があります。聞くと、「自分で調べたのか？」と言われてしまうからです。インターネットでまず自分で調べてから聞きなさい、ということなのでしょう。

ただ、人に聞けば数分で終わるものが、インターネットで調べていると30分かかることはよくあります。いろいろ考えて、悩んで、それでも解決せず、やっとの思いで人に尋ねたら、「そんなので悩んでいたの？　最初から聞いてくれればよかったのに」と言われることもよくあります。

また、意外に多くの人が気づいていないのですが、社内で尋ねる、教えてあげるというのは、単に情報のやりとりをするだけではなく、コミュニケーションを深める意義もあります。

それに、インターネットに出ている情報などは漠然とした一般論であって、仕事に必要な本質的な情報を得られるかというと難しいでしょう。

知識には、「暗黙知」と「形式知」というものがあります。一般化されたものが形式知ですが、形式知で推し量れない、奥深い真髄のことを暗黙知といいます。そして本当に意味のある情報は、多くの場合、暗黙知であるのです。

「こういう例外もあるから気をつけろ」という経験に基づいた知見や、相手の質問の意図だったり、行間を読んだ上で「これはこうだよ」と教えてくれたりするものが、本当に価値ある情報なのです。

そうした**価値ある情報を引き出すのが「人に聞く」という行為の意義で、到底インターネットで調べられるようなものではありません**。形式知が役に立つのは、仕事のほんの表面の部分だけだと思っておかなければなりません。

たとえば、営業ノウハウもそうです。

ある心理学者の説によると、人間のタイプは、細かく分けてもおおよそ50パターンくらいに収まるそうです。優秀な営業マンは、その50パターンくらいを瞬時に見分けて、最適なアプローチを使い分けることができます。

「このタイプの人にはメールのほうが効く」「このタイプの人は電話のほうが反応しやすい」というのをわかって、方法を使い分けています。

そういうことを優秀な営業マンの先輩からうまく聞き出していけば、その先輩も意識していなかった暗黙知が出てくるはずです。

とはいえ、聞く相手と聞く内容は選ばなければなりません。仕事のまったく基本的なことを社長や部長に聞くのはお門違いです。ですが、数年上の先輩にならそうしたことを聞いても問題ありません。入社1年目は、どんな基本的なことでも聞いて恥ずかしくない時期です。これは新人の特権とも言えます。

入社2年目になったら、自分で少しは調べた上で、それでもわからないことを聞くようにしましょう。

「ここまで自分で調べたのですが、ここから先がわからないので教えてください」という聞き方です。そうすると、尋ねられたほうも「がんばっているな、教えてやろう」と思ってくれます。

入社3年目になったら、そこからもう一歩進んで、「自分はこう考えているのですが、このやり方で合っていますか？」というように、「自分の考えをまとめてぶつけてみる」といった聞き方が必要になってきます。

ここまでくると、相談に近い形になりますね。すると、聞かれたほうとしても頼りにされていると感じ、悪い気はしません。

質問をするときにはポイントを押さえることが必要ですが、それができるようになるには、「聞く」についてもある程度、場数を踏むことが必要になってきます。だからこそ、新人のころはどんどん聞くことです。

ポイントを押さえるとは、本当に自分が知りたいことを、具体的に、ピンポイントで聞くということです。そうすれば相手も答えやすいはずです。そうでなければ、どこから説明していいかわかりません。ポイントを押さえて、「だからあなたに聞きたい」という点が見えたときに、ああそうかと、気持ちよく教えてくれるのです。

そうでなくても、自分を頼って聞いてくる人を邪険に扱う人はほとんどいないでしょう。頼りにされていやな気になる人はいないものです。だから、やはりもっと聞いていいのです。

私が「もっと聞いたほうがいい」と言うのは、遠慮からなのか、いまの若い人たちが聞かなさすぎだからです。聞く人、聞くタイミング、聞く内容——それさえ間違わなければ、どんどん聞いていいのだということを、覚えておいてください。

成長の機会

伸びない人は会社以外では勉強しない。
伸びる人はたまたま入った食堂でも学びを見つける。

会社にいる1日8時間だけ仕事のことを考えていればいいと思っている人と、いつでもどんなときでも何かを学ぼうと考えている人では、成長スピードはかなり違ったものになります。

たとえば、飲食店で昼食を食べるときでも、取引先から社に戻る途中で喫茶店に寄ったときでも、仕事を終えて飲みに行った居酒屋でも、そのお店がどんな人をターゲットにしようとしているのか、それに対して客層はどうなのか、メニューの内容や価格設定はどうなのか、店員の接客態度はどうなのかと興味をもって見ていけば、それぞれにすべて理由や原因があることがわかってきます。同じような店でも、場所がオフィス街にあるのか、住宅街にあるのかで、内容は違うことでしょう。

どんなビジネスでも、さまざまな点を考え、工夫を凝らしているものです。そこには自分の仕事にもヒントになることが必ずあるはずです。

分野が違うと「自分とは関係ない」と思ってしまう人も多いのですが、本当はすべてのことが関係するといっていいものです。

「自分の仕事に何か活かせるかも」と思って、常にアンテナを張っている人は、30代以降に差がついてきます。結局、仕事のアイデアというものは、それまでに積み重ねてきた「好奇心から得たアイデア」の組み合わせにしかすぎないからです。

物事をすべて「なぜこうなっているんだろう?」という目で見ていくと、不思議なことはたくさんあります。つまらないものでも、よく考えられているなということに気づくこともあります。

私は飲食店を経営したことはありませんが、飲食店の集客も、ほとんど不動産業界の集客と同じといっていいと思います。

不動産売買にはタイミングが大事で、それは法律の改正であったり、税金の仕組みが変わったりするときなどです。飲食店でも同じで、繁忙期と閑散期が必ずあります。それには、季節的なものや地域的なもので違いが出てきます。

季節的なものは全国的にだいたい同じですが、地域的には周辺でどんなイベントや行事があるのかで違ってきます。近年ではビッグデータやＡＩを使うことで、どの時期は何が売れるのかが、より詳細にわかります。こうしたものを活用すれば、売れない時期にはキャンペーンを行ったり、クーポンを配ったりして消費を刺激するということができます。

こうした発想は、私が実際に飲食店をやっていなくても、普段の観察からできます。学びのネタはどこにでも転がっているのです。

教養

伸びない人は仕事で必要な知識があれば十分と考える。
伸びる人は教養こそ仕事の鍵と考える。

いまの時代は商品で差別化することがなかなかできません。スマホでも家電でも車でも、ほとんど機能的な違いはありません。そうなると、どこで買ってもほとんど同じということになります。

なのに、どうしてそこで買うのかというと、それは営業マンの魅力にほかなりません。では、その営業マンの魅力に違いが出てくるのはどこなのかというと、それは「教養」によるものだと私は思っています。もちろんこれは営業マンに限りません。どんな仕事をしていても、その人に魅力があるからこそ、仕事を頼もうと考えるものです。

教養は表にはなかなか出てこないものですが、その人の人間性を支えているようなものので、言動の端々に深みが出るものです。教養のある人は、「人間」というものをよく理解しているので、さまざまな場面で多様な解決策を提示することもできます。

経営者や管理者層になると、特に教養が必要だといわれるのですが、私はすべての社会人が深い教養を身につけることが必要だと思うのです。

ですから、社会人1年目から、仕事の知識・ノウハウを得るだけでなく、教養を深める癖をつけておいたほうがいいのです。

「この人と仕事がしてみたい」と思ってもらえるようになるためには、やはり深みのある人間になること。深みのある人の話はもっと聞きたいなと自然に感じるはずです。人間の薄っぺらさは、深みのある人の前ではバレてしまうものです。

教養を身につけるには、やはり本が最も信頼性が高く、手っ取り早くて効率的であると思います。わが社の社員にも口酸っぱく本を読むように話すのですが、なかなかできないようです。仕事にどう関係してくるのかイメージしにくいというのですが、そうなると、ゲームや漫画など、単に「おもしろいだけ」のものに流れてしまいます。

教育の場でも、小学校から先生たちが子どもたちに本を読むように伝えるようですが、その先生たち自身が本を読んでいないともいわれます。先生たち自身も、日々の忙しさに追われて、読む時間がないこともあるのでしょう。

学校の先生も本を読まないし、親も読まないわけですから、周囲に本を読む大人がいなければ、興味を持つ子どもが増えないのも当然かもしれません。

本を読むことは、学校の勉強を思い出してしまうのかもしれません。また、1冊1200円とか1500円を出して、おもしろくなかったら損だという気になって、手が伸びないのかもしれません。1冊買ったら全部読まないともったいないと思って、読み切れない本が溜まってしまうのかもしれません。

そうではなく、本をもっと気楽に手に取るといいと思います。

学校の参考書ではないのですから、**最初から最後まですべてを理解しようとする必要はありません。その本がおもしろくなかったら、途中でやめたっていい**のです。途中でやめたらもったいないと思うかもしれませんが、そうして「もったいないと思う経験」を重ねないと、本の選び方も上達しません。

たくさん本を自分で買って読む中から、選び方も上達していって、どんどん本の奥深い世界に行けるのだと思います。

ある広告代理店では、活字の本なら経費でまかなうという会社があるそうです。また、映画も半券をもっていけば会社で精算してくれるそうです。そうした費用を福利厚生の一環として組み込んでいるのです。

「それはクリエイティブ系の仕事だからだ」と思うかもしれませんが、どんな仕事でも教養が必要であることに変わりはありません。

いま何が流行っているのかを知っていたほうが、営業職にしても何にしても話題にすることができて、人間関係も円滑になります。

教養というものは、昨日今日、本を読んだからといって身につくものではありません。長い間の積み重ねがあってこそ、身につくものです。

ですから、**20代前半のうちから教養を高めるような本を読んで差をつけておけば、その差はあとになっても簡単には埋まらない**ということです。

大学に入るまでは、入学試験のために参考書や過去問題集を買ったりして、多くの人が自発的に勉強すると思います。しかし、社会人になると、参考書も何もありませんから、何から読んでいけばいいのか、わからないのかもしれません。

そういうときは、営業ノウハウを書いた本や、企画書を書くコツについてまとめた本など、仕事に直結する本からまず読んでいきます。その本の中には、次に読むべき本のヒントがどこかにあるはずです。

たとえば、この本では稲盛和夫さんや孫正義さん、渡邉美樹さんの本について紹介しましたが、そういう本から手に取ってみるのです。

また、過去のビジネス書のベストセラーから読んでみるなどしてもいいでしょう。

そうした本の中では、他の価値のある本について触れられていたりすることも多いですから、それをヒントに次の本を選んでいくのです。

そのようにして芋づる式に本を読んでいくことで、自分なりの本の選び方を確立することができていくはずです。

本を選ぶ際にお勧めなのは、インターネット上で選ぶのではなく、実際に本屋に行くことです。

インターネット上だと自分の顕在意識で引っかかる本しか出てきません。言うまでもなく、自分に関心のあるキーワードでしか検索しないからです。

しかし、本屋に行くと、自分が普段は絶対に読まないだろうという本のタイトルや表紙などが目に入ってきます。その中から本を選ぶことで、新たな発見があるのです。

それは潜在意識の中から求めていたものがあぶりだされたようなものなのでしょう。

だから、そのときに悩んでいたことに応えてくれる本が、書店の本棚から飛び出してくるような感じがあります。本が自分に呼びかけてくれるようなものです。


マーケティングの世界では、自分で検索して商品を見つけることを「プル型」と呼び、勝手に広告が表示されるようなものを「プッシュ型」と表現します。たとえば、アマゾンのサイトで検索窓にキーワードを打ち込んで本を探すのはプル型ですが、「この本を買った人はこんな本も買っています」といって表示されているのがプッシュ型となります。本の並べ方にもよりますが、プッシュ型の最たるものが、書店というわけです。

そうして本の選び方も洗練していけば、自分なりの教養は分厚くなっていきます。

ここまで読書の利点をお話ししてきましたが、どうしてもハードルが高いと感じる人もいるでしょう。

そういう人は、気になった本の要約を見ることも一つの手です。ＳＮＳやYouTubeには、さまざまな書籍の要約がコンパクトにわかりやすくまとめられています。それを見て、興味を持ったら書籍を買えばいいのです。

内容が頭に入っている状態で読み進められるので、読むのにもそこまで苦労しないはずです。それを続けていけば、読書のハードルもいつの間にかなくなっているでしょう。

情報収集

伸びない人はマンガだけ読む。伸びる人はビジネス書を読む。

私は経営者になりたかったので、大学生のころから稲盛和夫さんや孫正義さんの本を読んでいました。世間では30代も半ばを過ぎて管理職になるころから本を読んで教養を身につけたほうがいいとよくいわれるのですが、本は20代の若い社会人にこそお勧めしたいと思っています。

私が最も影響を受けたのは、やはり稲盛和夫さんです。中でも『生き方』（サンマーク出版）は、ビジネス書の最重要古典といってもいいほどの存在になっています。

最も感銘を受けたのは、この書籍の中の、「人間には三種類がある」という説です。

ものには、①火を近づけると燃え上がる可燃性のもの、②火を近づけても燃えない不燃性のもの、③自分で勝手に燃え上がる自燃性のものがあるといい、人間も同じだというのです。

そして稲盛さんは、「自ら燃える自燃性が理想だが、少なくとも燃えている人に近づけば一緒に燃える可燃性の人間であってもらいたい」と社員に語りかけていたそうです。個人的には、「最初は自燃型でなくてもいいのだ」というところにも共感しました。ですから、私も社員に同じように語っています。

自発的に主体性をもって取り組むのは確かに理想です。けれど、そんな人ばかりでないのがこの世の中の本当の姿でしょう。そうであるなら、せめて自発的・主体的に取り組む情熱的な人が身近にいたら、一緒になって取り組むような人間であるべきです。

熱心に取り組む人を見て、「暑苦しい人だ」などと冷ややかな視線を向けて、仕事もできないという人が最もカッコ悪い人だと思います。こうした不燃性の人も、どの職場にも一定数いるにはいますが、これは周囲の人はどうしようもありません。

とはいえ、**ほとんどの人は自燃性か可燃性であると私は思います。そして、最初は他人が理由で燃え出す可燃性の人も、そのうち自燃性になってくることはよくあります。**

本書のような本を読む人は、仮にいまは自燃性ではなくとも、すでに可燃性の人であるはずなので、そのうち自燃性になる可能性は大いにあります。

ほかにもユニクロの柳井正さん、船井総合研究所の船井幸雄さんの本などもよく読みます。

柳井さんの『経営者になるためのノート』（ＰＨＰ研究所）はお勧めです。わが社では新卒のための教科書にしています。文章の周囲に自分で気づいたことなどを書き込めるようになっている、おもしろいレイアウトの本です。

船井幸雄さんの本では、『法則』（サンマーク出版）がお勧めです。船井さんの考え方のすべてが、一冊に詰まった本だと思います。

中谷彰宏さんの本の中では、『入社3年目までに勝負がつく77の法則』（ＰＨＰ文庫）という本を社会人1年目に読み、次のように手帳にメモしていました。

「失敗を恐れずに挑戦するという姿勢のほうが、価値が高い」
「ビッグになる人は若いときから働く意義や意味というものを明確に自覚している」

「20代は働き蟻《あり》になること」

また、私が「この人の教養はすごい」と感じるのは、ＳＢＩグループの代表である北尾吉孝さんです。『ビジネスに生かす「論語」』（致知出版社）、『中国古典からもらった不思議な力』（三笠書房）など、中国古典の書籍も多く出版している知識人です。

本は自分が経験したことでなくても、追体験することで、その人が実際に体験したこととまったく同じようにはいきませんが、何分の一かの重みで受け取ることができます。たとえば、経営者が書いたビジネス書や自己啓発書などには、その人が経験して得たことが書かれていて、読むことで自分もそれを追体験できます。**成功した著者が仕事で得たものを、千数百円で得られるのですから、こんなに得なものはありません。それが本というものです**。そしてそうした知恵は、自分が同じような状況になったときに、状況判断や選択の大きなヒントになるのです。

ビジネス書に書かれてあることは、素直な気持ちでとりあえずやってみるというのが、私の本の活かし方です。

たとえば、本の中で「このように改善していくと、こんな結果が出た」と書かれてあるのを読んだとしたら、自分の会社ならどう応用できるかと考え、マネしてみるのです。テレビでも、著名な経営者が出演して、持論を述べたりしている番組もありますから、まずはそうした中でおもしろいと思った人の本を読んでみるといいでしょう。きっとテレビでは語りつくせなかった多くのことが、本には書かれてあると思います。情報の分厚さという意味でも、テレビやネットより本が一番だと思います。

どうしてもビジネス書がとっつきにくければ、まずはビジネスマンガや図解本でもいいでしょう。ビジネス書でも最近は、マンガや図解本が多くなってきていますから、最初はそこからビジネス書の世界に入っていってもいいと思います。

きっかけは何でもいいのです。「口に合わなさそうだから」と最初から食べず嫌いでいるのではなく、何か一口でもいいから食べてみることです。意外においしいかもしれません。

入り口としてはそこから入って、ぜひその先にある「奥深い本の世界」にもぜひ触れてほしいと思います。

人と会う

伸びない人は本さえ読めば十分と考える。
伸びる人は会えばさらなる刺激が得られると知っている。

本を読んで興味を持った人がいれば、講演会に行くのもお勧めです。本を出すような方は、たいてい講演もされています。本で読むのとはまた別の刺激があるものです。

信奉する人にもし会えるなら、ぜひ会いましょう。それが一番の刺激になります。私はやはり自分より優れていると思う人に会いたいと思っています。自分では到底追いつかない人だと思える人とは、会いたいと思うものです。とてつもない経験をしている人、とてつもない考え方をしている人は、それだけで魅力的です。

有名な人でも、「熱意だけで突撃したら意外と会えた」という話がないわけではありません。

孫正義さんも高校生のころ、日本マクドナルドの初代会長の藤田田《でん》氏に「これからのビジネスで有望なのは何か」と尋ねた話がよく知られています。そこで「これからはコンピュータの時代だ」と言われて、それがソフトバンク創業につながっていったという話です。

本当にどうしても会いたいんだという熱意があるなら、チャレンジしてみてもいいかもしれません。

上場企業の社長は難しいかもしれませんが、話題の新興企業の社長などなら、フェイスブックやX（エックス）で「会いたい」とアピールすることができるでしょう。無鉄砲かもしれませんが、若いうちなら「情熱のなせる業」で突破できるかもしれません。

経営者として成功している人は、そういう無鉄砲な若者は、昔の自分を見ているようで好きなものです。若いうちだからこそできることですし、いまがチャンスです。

プライベート

伸びない人はプライベートを惰性で送る。
伸びる人はプライベートでも目的を持って過ごす。

伸びる人とそうでない人は、プライベートの過ごし方も違っています。

伸びる人は、プライベートでも何か目的をもって過ごしています。何かを良くしようと考えたり、そのために計画を立てたりして過ごしています。

しかし、伸びない人は、プライベートも無目的に過ごしています。仕事のために休養するという考えもなければ、人間性を深める経験をしようとも考えず、ただなんとなく過ごしてしまっています。

プライベートでも何か目標を持って、そのために計画を立てて実行していくということとは、仕事上でも生きてきますし、ひいては人生を豊かにします。

私は基本は無趣味なのですが、ひとつ他人に言える趣味があるとすれば「筋トレ」です。最初は健康のためと考えていたのですが、トレーニングジムに通ってトレーナーの方と相談して、目標を設定し、定期的にトレーニングをする計画をつくりました。

結果、1年でベンチプレスの上限が60キロから80キロにまで伸びました。

それは目標を80キロにして、計画的にトレーニングを行ったから達成できたのです。

私はこのことで「目標を設定することの大事さ」と「どんなことでも理論とコツが重要なのだ」ということを再認識しました。

実際に筋肉がついていくのが実感できると、自信にもなります。プライベートでも、「目標を立てる→計画を練る→実行する→成果が出る→自信をつける→新たな目標ができる」という循環、つまりＰＤＣＡ（計画、実行、振り返り、改善）を繰り返すことで、仕事にも通じる人生観ができあがっていきます。

こうなると、プライベートも仕事で成功するためのトレーニングをやっているようなものです。プライベートをこうして充実させていくことで、結果的に仕事にも好影響が

あるという状態になり、相乗効果が出てきます。

プライベートを充実させようと考えるなら、若いうちほど住まいは職場と近いほうがいいというのが私の考えです。

かつて私が住友不動産に勤めていたときは、新宿が勤務地だったのですが、水道橋にマンションを借りて、そこから通っていました。電車でわずか十数分の距離です。

私はいまでも、平日はひたすら仕事をしています。そうして毎日を密度濃く過ごし、週末だけは自宅と職場の地域からあえてまったく離れて、ゆっくり過ごすようにしています。わが社の新入社員も、職場の近くに寮を割り当てようと考えています。

私がお勧めするのは、可能であれば職場からドア・ツー・ドアで30分以内のところに住むことです。そうして20代はどっぷりと仕事につかるのと同時に、職場の近くに住んでプライベートの時間もしっかり確保するのがいいでしょう。

投資

伸びない人はいつか投資をしようと考える。
伸びる人はできる投資をする。

近年は新NISAが話題になったこともあり、興味を持っている人は多いのではないでしょうか。ただ新入社員の方は、まだ投資をしたことがないと思います。

私は、若い社員こそ投資をすべきだと考えています。私の例で言えば新入社員として4月1日に入社した日から1カ月経たない4月28日に会社から100万円（給与と賞与からの天引き返済）を借り、勤めていた会社の株を購入しました。

当時のリーマンショックの影響で、株価が入社時の4月には元々の1/5くらいにまで下落していたのです。更に、従業員持株会制度を利用すれば10%上乗せで購入できたため、実質110万円分の株を手に入れられました。そこに借入金全額を投資しました。給与天引きで手取りが減れば、自然と仕事へのモチベーションも上がるだろうと考えたんです。

元々の狙いは、起業資金を調達するためでした。投資が有効だとは思っていましたが、株の知識もありません。そこで思いついたのが、勤めている会社に投資することだったのです。人生を賭けて入社した会社の株価が下落すれば、業績を上げるために奮起するだろうと考えました。結果的にこの投資は大成功でした。

狙い通り株価は回復し、起業資金の軍資金となりました。株で得た利益を元手に、起業資金づくりの一環として不動産投資を始めました。

そのアパート経営からの安定収入により、月々30万円のキャッシュフローを得たことで、給与を超える収入を確保できました。会社への依存から脱却したことは、自分にとって大きな一歩でした。上司に意見が言えるようになったりするなど、遠慮しなくなったのです。不動産投資を自分で行った経験が、後々の起業にもつながっていきます。

さらに**投資をする中で実感したのが、世の中の情報を自ら掴みに行く重要性です。**世界情勢、日本の経済・政治、全てが連動していることに、投資を通して気づいたんです。

以前は「点と点」に見えていた事象が、投資を始めると「線」となり、繋がりを持って理解できるようになりました。たとえば、関税引き上げ政策が、日本の輸出企業にどう影響するか、自動車産業への打撃、株価下落の可能性などを推察できるようになるのです。

このように仮説を立て、検証していく過程で、株価の動きから学びを得ることができます。大儲けを目指すのではなく、投資を通じて企業や経済への興味を広げることが重要です。

これから投資を始めたいなら新ＮＩＳＡもいいですが、不動産に興味があればクラウドファンディング形式の不動産投資も選択肢に入れていいかと思います。無理のない範囲で、自分が興味あるものをまずやってみましょう。

転職

伸びない人は目の前の仕事・上司が嫌で転職する。
伸びる人は自らの人生のために必要なら転職する。

本書はこれから社会人になろうとする人や、社会人になりたての人に向けた本ですが、そういう方々にも、あえて転職の話をしておきたいと思います。

いまは生涯1つの会社に勤めるという人は相当少なくなっています。今後はもっと減っていくでしょう。起業したり、フリーランスになったりするのも一種の転職として含めると、誰もが一度は転職を経験するようになると思います。

ただし、世の中には、転職していい人とダメな人がいます。

転職していいのは、そうすることでステップアップになる人です。いまはSNS時代なので、その業界で有名になっていけば、自然と「うちに来ないか」と転職の誘いが来るようになるでしょう。そういう人であれば、転職していいと思います。

しかし、名をなさないまま、「隣の芝生が青そうだから、会社を変えたい」と転職するのはダメです。

前者の場合は、収入も上がるでしょうが、後者の場合は逆に下がるはずです。やはり同じ会社でずっと勤めている人のほうが効率的に給与は上がっていくものです。

後者のケースで転職すると、社内で同じ年齢・キャリアの人よりも少し低い収入での再スタートとなり、その後、数年かけて追いついていくというイメージになります。追いつくまでの収入は比較的低いわけですし、悪くすると低いままでそのままずっと働くことになる可能性もあります。

ですから、**ステップアップになる転職でなければ、しないほうがいい**のです。

また、「やりたいことがあって辞める」ならポジティブですが、「この会社ではやっていられないから辞める」というのはネガティブな考え方です。そうして逃げの発想で仕事をしていると、いつまでもステップアップできません。

「私のやりたいことができなかったから辞める」という人も多いのですが、普通の会社であれば、仕事ができる人の話は聞こうと思うものですし、認められている人なら「おまえがそういうなら、やってみろ」というふうになるはずです。

そうならないのは、それ以前に、仕事ができると認識されてないからです。まずは自分が「放っておけない存在」になることが必要なのです。そこまで仕事ができるようになれば、周囲はあなたを絶対に放ってはおきません。「おまえは何がしたいんだ?」とか「あいつに今度はこれをやらせてみよう」と必ずなるのです。

それに「自分がやりたいこと」ができるのも確かに大事ですが、「他人があなたにやってほしいこと」をやることも、とても嬉しく、価値あるものです。相手はあなたに頼っているわけですから。

そして、「他人があなたにやってほしいこと」がやがて「自分がやりたいこと」になっていく人もとても多いのです。

転職するときには、ぜひこうした発想で、大きく羽ばたいてほしいと思います。

［著者略歴］

菅沼勇基（すがぬま・ゆうき）

横濱コーポレーション株式会社代表取締役、株式会社アップル神奈川代表取締役。全国賃貸管理ビジネス協会関東支部役員。1985年、横浜市生まれ。横浜市立大学 国際総合科学部卒業後、住友不動産株式会社に入社し、オフィスビルの開発・運営業務、新事業の開発業務に携わる。3年後に独立し、横濱コーポレーション株式会社を設立。2019年三光ソフラン株式会社に株式譲渡。神奈川県内にアパマンショップ9店舗、賃貸管理戸数9,500戸を運営中。神奈川県を中心に不動産投資のサポートを一気通貫で行う。また、「ランチェスター戦略」と「孫子の兵法」を実践し、売上・利益・市場シェアを拡大している。

新入社員《しんにゅうしゃいん》の教科書《きょうかしょ》
「伸《の》びる人《ひと》」の習慣《しゅうかん》「伸《の》びない人《ひと》」の習慣《しゅうかん》

2025年3月1日　　初版発行

著　者　　菅沼勇基

発行者　　小早川幸一郎

発　行　　株式会社クロスメディア・パブリッシング
〒151-0051 東京都渋谷区千駄ヶ谷4-20-3 東栄神宮外苑ビル
https://www.cm-publishing.co.jp
◎本の内容に関するお問い合わせ先：TEL（03）5413-3140／FAX（03）5413-3141

発　売　　株式会社インプレス
〒101-0051 東京都千代田区神田神保町一丁目105番地
◎乱丁本・落丁本などのお問い合わせ先：FAX（03）6837-5023
service@impress.co.jp
※古書店で購入されたものについてはお取り替えできません

印刷・製本　　株式会社シナノ

　ISBN978-4-295-41069-0　C2034